Orison Swett Marden
Die Macht des Gedankens

Bibliografische Information der Deutschen Nationalbibliothek:
Die Deutsche Nationalbibliothek verzeichnet diese Publikation in der deutschen
Nationalbibliografie; detaillierte bibliografische Daten sind im Internet über
http://dnb.ddb.de abrufbar.

Die Originalausgabe erschien 1906 unter dem Titel
Every man a king, or might in mind-mastery

deutsche Erstveröffentlichung: Verlag J. Engelhorn, Stuttgart 1921

neu lektorierte Ausgabe © 2017 Abentheuer Verlag digital

aus dem Amerikanischen übersetzt von Dr. Max Christlieb
Lektorat von Karel Szesny
Layout von Karl Ernst Horbol
Covergestaltung von Tibor Horvath

Printed in Germany

ISBN 978-3-945976-54-8

www.abentheuerverlag.de

Orison Swett Marden

Die Macht des Gedankens

Durch **Gedanken** schaffen wir uns

unsere Zukunft, gut oder übel,

wir **wissen es nur nicht.**

So ist auch **das ganze All** durch **Gedanken**

gemacht.

Gedanke ist nur ein **anderer**

Name für Schicksal,

also **wähle dir dein Schicksal** selbst!

Liebe bringt **Liebe**

und **Hass** bringt **Hass.**

Ella Wheeler Wilcox

1. Das Steuer des Gedankens bewahrt das Lebensschiff vor dem Untergang

Ein Mann, der nicht sehr viel gelernt hatte, erbte ein Schiff. Er verstand nichts von allem, was zum Seewesen gehört, nichts vom Segeln und nichts von Maschinen, aber der Gedanke, als Befehlshaber seines eigenen Schiffes eine Reise zu machen, reizte ihn. Das Schiff wurde flottgemacht und der selbsternannte Kapitän ließ die Mannschaft zunächst ihre verschiedenen Arbeiten allein machen, da das Vielerlei der Aufgaben ihn verwirrte. Auf hoher See wurde die Sache einfacher und er hatte nun Zeit, alles genau zu beobachten. Als er an Deck hin und her ging, sah er einen Mann an einem großen Rad drehen, mal nach der einen, mal nach der anderen Richtung.

„Was zum Henker macht der Kerl da?", fragte er.

„Das ist der Steuermann", hieß es, „er steuert das Schiff."

„Ich sehe keinen vernünftigen Sinn in diesem Hin- und Herdrehen. Wir haben nichts als Wasser vor uns und ich meine, die Segel genügen zur Fahrt. Wenn also Land in Sicht kommt oder ein Schiff uns begegnet, dann ist's noch Zeit genug zum Steuern. Setzt alle Segel und lasst das Schiff laufen!"

Der Befehl wurde ausgeführt. Die wenigen Menschen, die den Untergang des Schiffes überlebten, vergaßen ihr Leben lang den törichten Kapitän nicht, der geglaubt hatte, ein Schiff steuere sich selbst.

Du sagst, es habe nie einen solchen Mann gegeben. Ich gebe zu, du hast recht. Aber was ich nicht zugebe, das ist die Meinung, dass es keine solche Torheit gibt. Du wärst nicht so töricht? Überleg dir's einen Augenblick. Ist dir nicht etwas zur Leitung anvertraut, zarter und kostbarer als irgendein Schiff – dein Leben, dein Geist? Wie viel Sorgfalt verwendest du darauf, diesen Geist zu steuern? Lässt du ihn nicht so ziemlich gehen, wie er will? Lässt du ihn nicht von den Stürmen des Zorns und der Leidenschaft dahin und dorthin treiben? Lässt du dich nicht durch zufällige Freundschaften, durch zufällig gelesene Bücher, durch zufällige Unterhaltungen in Lagen bringen, die du niemals mit Absicht ausgesucht hättest? Bist du wirklich der Kapitän deines Schiffes, der es zu dem sicheren Hafen des Glückes, des Friedens und des Erfolgs steuert? Und wenn du es nicht bist, möchtest du es nicht werden?

Es ist leichter als du denkst, wenn du nur bestimmte Grundwahrheiten einsiehst und deine bessere Natur wirken lässt. Dir zu sagen, wie du das machen sollst und deine Tätigkeit zu leiten, ist der Zweck dieser Reihe von kleinen Aufsätzen über den Wert des Gedankens für die Gestaltung des Lebens.

Wenn man bedenkt, dass der Geist die ganze Welt beherrscht, so muss man sagen, dass diese Kraft bisher merkwürdig vernachlässigt und falsch verstanden wurde. Auch wo man seine Macht anerkannte, hat man ihn als etwas Unveränderliches aufgefasst, als ein Werkzeug, das nur der recht gebrauchen könne, der mit der Fähigkeit dazu geboren sei. Erst in den letzten Jahren hat die Forschung begonnen, sich um das Verständnis zu bemühen, wie man die Gedanken beherrschen und dazu gebrauchen kann, einen schon gebildeten Charakter noch zu beeinflussen, äußere Umstände oder doch zum mindesten ihre Wirkung auf uns abzuändern und Gesundheit, Glück und Erfolg herbeizuziehen.

Die Möglichkeiten der Bildung und Erziehung des Gedankens sind unbegrenzt, ihre Folgen reichen bis in die Ewigkeit hinein, und doch bemühen sich noch immer so wenig Menschen, ihre Gedanken in Bahnen zu lenken, die für sie selbst heilsam wären, und überlassen lieber alles dem Zufall oder den tausend Umständen, die unseren Geist bedrängen und bezwingen, wenn wir ihnen nicht richtig entgegenarbeiten.

Es kann kein wichtigeres Wissensgebiet und keine höhere Pflicht gegen uns und andere geben, als diese Beherrschung des Gedankens, diese Herrschaft über uns selbst, die auf Selbstvervollkommnung hinarbeitet. Vielleicht ist die Tatsache, dass man den Gedanken selbst nicht greifen kann und dass die meisten von uns so wenig Herrschaft über ihn besitzen, der Grund für die weitverbreitete Überzeugung, dass die Leitung der Geistestätigkeit eine schwierige und verwickelte Sache sei und viel Mühe, viel Zeit und viel Büchergelehrsamkeit erfordere. Aber nichts ist unrichtiger als diese Meinung. Jeder Mensch, so unwissend, so ungebildet und so vielbeschäftigt er sein mag, hat in sich selbst alles, was er braucht, und hat die Zeit, die er braucht, um eine völlige Neuschaffung seines denkenden Wesens, seines Charakters, ja tatsächlich seines Leibes und seines Lebens zustande zu bringen. Aufgabe und Ziel sind dabei für jeden Menschen verschieden, aber der Vorgang selbst ist überall der gleiche und die Umbildung ist für alle gleich möglich.

Der Meißel eines Bildhauers in der Hand eines Pfuschers kann das schönste Bild verderben; in der Hand eines Verbrechers kann er ein Einbruchswerkzeug oder eine Mordwaffe werden. Wenn wir die Macht in Händen haben, unser Wesen zu schaffen oder zu verderben, was für Toren sind wir da, wenn wir nicht versuchen, Schönheit und Einklang,

Glück und Erfolg zu schaffen! Der Bildhauer wird es nicht wagen, blindlings drauflos zu meißeln, ohne den Marmor anzusehen; sondern die Augen fest auf sein Werk gerichtet, tut er jeden Schlag in Gedanken an das Bild, das er im Geist geschaffen und im Modell nach seinen Gedanken gebildet hat. So müssen auch wir es machen, wenn wir unseren Charakter bilden, unsere Umgebung formen und unser Leben gestalten. Wir müssen wissen, was wir wollen und wie wir's zu machen haben, und dann an die Arbeit gehen, ohne zu ermatten und nachzulassen. Was unser Denken von einem gewöhnlichen Werkzeug unterscheidet, ist die Tatsache, dass wir mit ihm arbeiten *müssen*: wir können es nicht beiseite legen und sagen, wir wollen keinen Schlag mehr tun. Wir müssen denken, und jeder Gedanke ist ein Schlag, der ein Stück von unserem Leben schmiedet. Darum müssen wir uns energisch entschließen, das Denken möglichst nutzbringend für uns zu machen und dann den Entschluss auch mit festem Willen durchführen.

Aber auch wenn wir diese wichtige Aufgabe mit allem Ernst angreifen, so wird sie für Erwachsene durch lebenslange Gewohnheiten und festgefahrene Gedankenwege stark erschwert. Das richtige Arbeitsfeld in dieser Frage der Gedankenbeherrschung ist die neu heranwachsende Jugend. M. E. Carter sagt: „Wenn Eltern und Erzieher ihre ganze Energie darauf verwenden wollten, der ihnen anvertrauten Jugend diese Gedankenbeherrschung zu lehren, statt dass sie so viel Mühe und Zwang darauf verwenden, ihnen ein von außen kommendes Gebot vorzuhalten, dem sie gehorchen müssen, dann würde die Aufgabe der Erziehung des kommenden Geschlechtes äußerst vereinfacht und eine sehr viel höhere Klasse von menschlichen Wesen würde auf unserer Erde erscheinen. Das Kind, das man gelehrt hat, die rechten

Gedanken zu denken und die falschen durch die Herrschaft über seinen eigenen Geist zu vertreiben, braucht immer weniger äußere Gebote und wird rein und aufrichtig aufwachsen, weil es nichts zu verbergen und nichts zu unterdrücken hat. Herrschaft über den Geist ist die einzige Form der Herrschaft über sich selbst, und wer diese früh lernt, der entgeht vielem Unglück und vielen harten Erfahrungen, die das Leben anderer verdüstern, weil sie diese größte aller Lebenswahrheiten nicht gelernt haben."

So wollen wir um unserer selbst und um unserer Kinder Willen den großen Segen recht bedenken, der aus dem richtigen Verständnis der Kräfte unseres Lebens und aus ihrer richtigen Beherrschung fließt.

Es ist **wunderbar**, welche **Macht**

unser Geist **über unsern Leib** besitzt.

Deshalb

soll der **Geist immer Herr** sein.

Goethe

2. Wie der Geist den Leib beherrscht

Ehe man etwas tun kann, um zur Gedankenbeherrschung zu kommen, muss man ihre Macht und Wichtigkeit vollkommen einsehen und nicht bloß die Behauptung, dass es so sei, gläubig hinnehmen. Du musst selbst fühlen und überzeugt sein, dass ein schlechter Gedanke dir schadet, ein guter dir hilft. Du darfst nicht mit dem Feuer spielen oder sorglos denken, es komme nicht darauf an, wenn du einmal eine Zeitlang nicht achtsam bist. Du musst in deinem innersten Bewusstsein wissen, dass der Gedanke allein das Ewige ist, dass er der Herr deines Schicksals ist und dass der Gedanke jedes Augenblicks an der Entscheidung über dein Schicksal mitwirkt. Du musst empfinden, dass die richtige Herrschaft über deine Gedanken alles Gute von selbst zu dir kommen lässt, gerade wie das Üble kommt, wenn du deine gottgegebenen Kräfte missbrauchst. Diese Erkenntnis muss dir erwachsen aus der Beobachtung erwiesener Tatsachen.

Immer mehr erkennt man heute die wirkliche Macht des Gedankens in der stofflichen und in der sittlichen Welt. Leute, deren Anschauungen im Einzelnen weit auseinandergehen, halten den Gedanken für fast allmächtig in allen menschlichen Angelegenheiten; tatsächliche Vorführungen scheinbar wunderbarer Erfolge überzeugen auch gedankenlose und am Stofflichen klebende Menschen; wissenschaftliche Erklärung der Tatsachen. Dem Professor W. G. Anderson an der Yale-Hochschule ist es gelungen, einen Gedanken oder doch den Erfolg einer Gedankentätigkeit tatsächlich zu wägen. Ein Schüler wurde auf eine Waage so gelegt, dass sein Schwerpunkt genau über dem Ausschlag der Waage lag. Wenn er sich daranmachte, mathematische Aufgaben im Kopf zu rechnen, so verlegte das seinem Kopf zuströmende

Blut den Schwerpunkt seines Körpers zum Kopf und die Waage schlug in diese Richtung aus. Das Rechnen des Einmaleins mit neun ließ den Schwerpunkt weiter zum Kopf rücken, als das mit fünf, und dies nahm zu, je größer die Gedankenanstrengung war. Bei einer Fortsetzung des Versuchs musste der Schüler sich vorstellen, dass er Bewegungsübungen mit einem Bein mache. Wenn er nun im Geist durch die einzelnen Übungen ging, so strömte das Blut so stark zu den Beinen, dass die Waage in diese Richtung ausschlug. Diese Versuche wurden mit immer gleichem Erfolg an einer großen Zahl von Schülern wiederholt. Um weiter den beherrschenden Einfluss des Geistes auf die Muskeln zu erforschen, wurde bei elf jungen Männern zunächst die Stärke des rechten und des linken Armes festgestellt. Im Durchschnitt betrug sie für den rechten Arm zweiundsechzig Kilogramm, für den linken dreiundvierzig Kilogramm. Dann mussten die Leute eine Woche lang Übungen mit dem rechten Arm machen und die Stärke der Arme wurde aufs neue festgestellt: beim rechten hatte sie durchschnittlich um dreieindrittel Kilogramm zugenommen, bei dem linken, mit dem keine Übungen gemacht worden waren, um vier! Dies zeigte deutlich, dass die mit diesen Körperübungen verknüpfte Gehirntätigkeit nicht bloß die Muskeln zunehmen ließ, die in Tätigkeit waren, sondern auch andere, die unter der Leistung desselben Hirnteils standen. Das konnte nur geschehen, indem durch die bloße geistige Tätigkeit Blut und Nervenkraft zu den Körperteilen hingeführt wurde.

Dr. Anderson beschreibt noch andere Versuche: „Ich kann durch mein ‚Muskelbett' beweisen, dass bei allen körperlichen Übungen das Wesentliche die damit verknüpfte geistige Anstrengung ist. Wenn ich mich auf dieses Muskelbett lege und mir vorstelle, dass ich tanze, so senkt es sich unter meinen Beinen, obwohl ich mich tatsächlich nicht bewege und die Muskeln gar nicht in Tätigkeit treten. Dies zeigt, dass ein Blutstrom zu den Muskeln hinfloss, und dass, auch wenn ich wirklich getanzt hätte, die Versorgung der Muskeln mit Blut durch die Tätigkeit des Geistes erfolgt wäre."

Sandow hat uns schon lange gelehrt, dass körperliche Übungen ohne die richtigen Gedanken sehr wenig zur Entwicklung der Muskeln leisten, und dass eine sehr leichte Übung, wenn sie nur durchaus vom Geist geleitet und begleitet wird, tatsächlich den ganzen Körper umschaffen kann. Manche Lehrer für körperliche Übungen lassen sich diese Kenntnis teuer bezahlen. Professor Andersons Versuche beweisen die Wahrheit dieser Lehre und sie zeigen weiter, dass solche körperlichen Übungen, die mit Wettkämpfen und lebhafter Anteilnahme am Spiel verbunden sind, viel besseren Erfolg haben als bloße einfache Bewegungen, wie man sie in Anstalten ohne innere Teilnahme mitmacht. Er sagt, dass das Gehen für Kopfarbeiter eine Bewegung sei, die nur wenig Nutzen bringt, weil es so selbsttätig geschieht, dass es das Blut von den Hirnmittelpunkten nicht ablenkt, in denen es sich bei der Lösung geistiger Aufgaben zu stark angesammelt hat.

Ein Lauf oder ein schneller Gang, der mit einer bestimmten Absicht verbunden ist, die ihrerseits dann den Gedanken an die notwendige Schnelligkeit immer lebendig erhält, lässt das Blut zu den Beinen fließen und diese umbilden. Übungen vor einem Spiegel, wobei man das Schwellen der Muskeln bei den verschiedenen Bewegungen beobachtet, unterstützen nachweislich die Entwicklung dieser Muskeln. Schon vor diesen Versuchen hat Professor Elmer Gates in Washington gezeigt, dass, wenn er seine Hand in ein bis zum Rand gefülltes

Wassergefäß steckte und mit der Absicht, Blut in sie einströmen zu lassen, seine Gedanken gespannt auf sie richtete, das Wasser überfloss. So konnte sogar die Menge des der Hand zugeströmten Blutes gemessen werden, da sie offenbar der Menge des überfließenden Wassers gleich war. Den meisten wird das nicht beim ersten Versuch gelingen, vielleicht nicht beim hundertsten, aber man kann den Geist zu solcher Herrschaft über den Körper erziehen.

Vor Jahren hatten die Ärzte Gelegenheit, durch Versuche an dem bekannten Beaumont, bei dem eine Wunde im Magen eine Öffnung hinterlassen hatte, die starke Wirkung niederdrückender oder erhebender Gemütsbewegungen auf die Verdauung und ähnliche Tätigkeiten zu erforschen. Eine Drahtbotschaft, die ein Unglück anzeigte, ließ die Magensaft ausscheidenden Zellen zusammenfallen und fiebrig werden und verzögerte die Verdauung um Stunden. Versuche, die der russische Forscher Professor Iwan Pawlow an Hunden anstellte, haben bewiesen, dass die Absonderung des Magensaftes nicht, wie man bisher angenommen hat, selbsttätig vor sich geht, wenn Speichel erzeugt wird oder Speise in den Magen eintritt. Der Magensaft wird im Gegenteil dann abgesondert, wenn man in dem Hund die Vorstellung erweckt, dass er ein sehr gern gefressenes Futter bekommt, etwa rohes Fleisch, und zwar auch, wenn man ihm das Fleisch dann gar nicht gibt oder es ihm zwar gibt, aber es nicht in den Magen gelangen, sondern durch einen zu diesem Zweck an der Speiseröhre angebrachten Schlitz wieder austreten lässt. Alle Versuche bloß körperlicher Reizung ließen den Verdauungssaft unabgesondert bleiben, und der Erfolg trat nur dann ein, wenn die Vorstellung des Wohlgeschmacks der Speise gebildet wurde. Wenn der Nervus pneumogastricus durchschnitten war, so half sogar diese

Vorstellung nicht, ja nicht einmal der tatsächliche Durchgang des Fleisches durch die Speiseröhre. Dies zeigt, welche Rolle der Geist auch bei solchen Vorgängen spielt, die man bisher für rein mechanische und körperliche angesehen hat.

Auch bei der Verdauung, wie bei allen körperlichen Erscheinungen, ist die seelische Seite die wichtigste. Aus Professor Jacques Löbs Versuchen an der Universität Chicago und an der Stanford Universität scheint hervorzugehen, dass der Gedanke Erscheinungen hervorbringt, die den elektrischen ähnlich sind, dass die Moleküle des lebenden Stoffes unter dem Einfluss des Gedankens von negativ zu positiv werden und umgekehrt. Dies macht den alten Vergleich des Gedankens mit einem „Telegramm aus dem Gehirn" erst anschaulich und erweitert unsere Vorstellung von dem, was der Geist zur Veränderung körperlicher Zustände leisten kann.

Der Geist

ist es, der da **lebendig** macht,

das **Fleisch** ist

nichts nütze.

Joh. 6, 63

3. Der Gedanke schafft Gesundheit und Krankheit

Jede Willens- und Denktätigkeit des Menschen prägt sich dem Gehirn ein, denn beide haben dort ihren Ursprung: von dort aus werden sie zu den Teilen des Körpers geleitet, die ihr Ziel bilden. Was also im Geist ist, ist auch im Gehirn und von da aus auch im Körper. So schreibt ein Mann gleichsam sein Leben in seinem Körper nieder und die Engel könnten seine Lebensbeschreibung im Bau seines Körpers lesen. Man braucht keine wissenschaftlichen Versuche anzustellen, um den Einfluss des Geistes auf Gesundheit und Krankheit zu beweisen: alltägliche Erfahrungen zeigen das ausgiebig. Schlagende und wunderbare Beispiele sind zu Tausenden von ärztlichen Beobachtern gesammelt und veröffentlicht worden; hier werden einige wenige genügen.

Wir sind an die tödlichen Wirkungen mancher Gedanken so gewöhnt, dass wir gar nicht darüber nachdenken, was es nun eigentlich ist, das die Krankheit und den Tod bewirkt. Es stirbt jemand an einem „Nervenschock". Was bedeutet das? Ganz einfach, dass ein plötzlicher und mächtiger Gedanke die Maschine seines Körpers derartig in Unordnung gebracht hat, dass sie stillsteht. Furcht – das heißt ein Furchtgedanke – ließ die Herztätigkeit erst stillstehen und die Aufregung ließ sie dann so stürmisch werden, dass ein Blutgefäß im Kopf zersprang. Plötzliche Freude ließ einen so starken Blutstrom zum Gehirn strömen, dass die zarten Häute platzten. Ein sehr geliebter Freund oder Verwandter stirbt, der Gedanke oder das Gefühl des Kummers verhindert die Ernährung, den Ersatz der verbrauchten Stoffe und die übrigen körperlichen Tätigkeiten, die von dem ordnungsmäßigen Geisteszustand abhängen – und der Mensch siecht dahin und stirbt, an einer Krankheit, der der geschwächte Körper keinen Widerstand entgegensetzen konnte, oder an gar keiner Krankheit, bloß an den kranken und traurigen Gedanken.

Ein bildschönes junges Mädchen wurde beim Golfspiel mit einem Stock ins Gesicht getroffen und ihr der Unterkiefer gebrochen. Das war in einigen Wochen geheilt, aber eine Narbe blieb zurück, die ihrer Schönheit Abbruch tat. Der Gedanke, dass sie entstellt sei, drückte so schwer auf ihren Geist, dass sie niemand mehr sehen wollte und ganz schwermütig wurde. Eine Reise nach Europa, teure Behandlung bei besonderen Ärzten, nichts half. Der Gedanke, dass sie entstellt sei, nahm ihr alle Lebensfreude und alle Körperkraft, bald konnte sie das Bett nicht mehr verlassen – und doch konnte kein Arzt irgendeine körperliche Krankheit feststellen. Das ist gewiss sehr töricht, aber es zeigt, was kranke Gedanken ausrichten und wie sie über vollkommen gesunde körperliche Vorgänge Herr werden können.

Furcht und Kummer haben oft das Haar eines Menschen in wenig Stunden oder Tagen gebleicht. Ludwig von Bayern, Marie Antoinette, Karl I. von England und der Herzog von Braunschweig sind Beispiele aus der Geschichte, und noch heute ereignet sich alle Augenblicke ein solcher Fall. Dieser chemische Vorgang wird durch den Gedanken plötzlich hervorgebracht, statt wie sonst durch das Alter allmählich. Dr. Rogers sagt: „Manche Ursachen, die auf die Körperverfassung im Allgemeinen kaum Einfluss haben, beschleunigen das Absterben des Lebens in den Haaren, ganz besonders tun dies niederdrückende Gemütszustände, nagende Sorgen und starkes Denken."

Es sind schon Menschen gestorben, weil sie dachten, sie seien schwer verwundet, ohne dass eine Wunde vorhanden war. Die Geschichte von dem Studenten, der von seinen Kommilitonen so erschreckt wurde, dass er starb – sie hatten ihm weißgemacht, dass sie ihn ausbluten lassen – ist oft erzählt worden. Ein Mann, der dachte, er habe eine Zwecke verschluckt, bekam die größten Schmerzen und eine örtliche Anschwellung der Kehle, bis sich herausstellte, dass er sie gar nicht verschluckt hatte. Hunderte solcher Fälle sind vorhanden, wo der bloße Glaube genügte, große Schmerzen und sogar den Tod zu verursachen.

Auf der anderen Seite sind oft genug Krankheiten durch die Wirkung starker Gedanken, wie Aufregung, Schreck oder große Freude verschwunden. Als Benvenuto Cellini eben im Begriff war, seine berühmte Bildsäule des Perseus zu gießen, die jetzt in der Loggia dei Lanzi in Florenz steht, wurde er plötzlich von einem Fieber befallen und musste nach Hause gehen und sich zu Bett legen. Einer seiner Arbeiter kam in sein Zimmer und rief: „Armer Benvenuto, Euer Werk ist so verdorben, dass ihm nicht mehr zu helfen ist."
Er zog sich hastig an, eilte zu seinem Schmelzofen und fand das Metall stehend und zu einem Kuchen geronnen. Er befahl einen Stoß Holz von jungen Eichen zu bringen, die schon länger als ein Jahr ausgetrocknet waren, heizte den Ofen und arbeitete wie ein Wilder im strömenden Regen, betrieb die Kanäle und rettete sein Werk. Er schließt diese Geschichte mit folgenden Worten: „Als alles vorüber war, wendete ich mich zu der Schüssel, die nicht weit von mir auf einer Bank stand, aß und trank mit großem Appetit, und so auch der ganze Haufen. Dann ging ich froh und gesund zu Bett – es waren zwei Stunden vor Tag –, und als wenn ich nicht das mindeste Übel gehabt hätte, war meine Ruhe sanft und süß".

Der übermächtige Gedanke an die Rettung seines Werkes trieb nicht bloß den Gedanken an die Krankheit völlig aus, sondern veränderte mit seinem unausgesetzten Schaffen sogar die körperlichen Vorgänge und machte ihn gesund.

Von Muley Moluk, dem Führer der Mauren, wird erzählt, dass, während er krank und fast zerstört durch eine unheilbare Krankheit dalag, eine Schlacht zwischen seinen Kriegern und den Portugiesen stattfand. Im gefährlichsten Augenblick der Schlacht erhob er sich von seinem Lager, sammelte sein Heer, führte es zum Sieg, sank dann völlig erschöpft nieder und starb.

In der Lebensbeschreibung von Dr. Elisha Kane heißt es: „Ich fragte Dr. Kane, welche Tatsache ihm die Macht der Seele über den Körper am sichersten zu beweisen scheine. Er zögerte einen Augenblick, als ob er erst prüfen wollte, wie meine Frage gemeint sei, und antwortete dann rasch: „Die Seele kann den Körper wirklich aus seinen Schuhen heben! Als unser Kapitän im Sterben lag – ich sage im Sterben, denn ich habe genug Sterbefälle gesehen, um das wissen zu können: jede alte Narbe an seinem Körper war ein offenes Geschwür; ich habe niemals einen so schlimmen Grad der Krankheit gesehen, die Leute sterben meist lange, ehe es so weit mit ihnen kommt, als es bei ihm gekommen war –, da herrschte Gefahr an Bord. Es drohte eine Meuterei auszubrechen und zwar in dem Augenblick, wo er seinen letzten Atemzug tun würde; wir waren im Begriff, über einander herzufallen. Ich hatte das Gefühl, er müsste um der Sache willen sein Sterben noch verschieben. Ich ging zu ihm hinunter und schrie ihm ins Ohr: ‚Meuterei, Kapitän, Meuterei!‘ Er schüttelte die todähnliche Betäubung ab und sagte: ‚Setze mich auf und schick mir die Kerle herunter.‘ Er hörte die Klagen an, ließ die Schuldigen bestrafen, und von dem Augenblick an wurde es besser mit ihm, bis er gesund wurde."

Der Kaiser Don Pedro von Brasilien lag krank in Europa und wurde gesund durch eine Botschaft seiner Tochter, die die Regentschaft führte und ihm meldete, sie habe ein Gesetz unterschrieben, das die Sklaverei in seinem Land abschaffte, womit ein Lieblingsgedanke des kranken Kaisers ausgeführt war.

Woher kommt die Kraft, die eine schwache, zarte, seit Jahren gebrechliche Frau, nicht imstande, sich selbst allein zu versorgen, kaum stark genug, um über den Hausgang zu gehen, plötzlich in den Stand setzt, die Treppen hinaufzurennen und schlafende Kinder aus dem brennenden Haus zu tragen? Woher kommt die Kraft, die ein so schwaches Geschöpf stark genug macht, um Hausgeräte und Betten aus dem brennenden Haus zu schleppen? Sicher ist keine neue Kraft in die Muskeln oder in das Blut gekommen, und doch tut sie Dinge, die ihr unter gewöhnlichen Umständen unmöglich gewesen wären. In der Not vergisst sie ihre Schwäche, sie sieht nur noch die drohende Not, die Gefahr ihres geliebten Kindes, den Verlust ihres Heims: in diesem Augenblick glaubt sie fest daran, dass sie das tun kann, was sie jetzt versucht, und so tut sie es. Es ist ein veränderter Zustand des Geistes, nicht der Muskeln und des Blutes, und dieser gibt die notwendige Energie her. Gewiss hat der Muskel mit dieser Kraft den Arm bewegt, aber die Überzeugung, zu dieser Bewegung fähig zu sein, war zunächst notwendig. Das Feuer, die Gefahr, die Aufregung, die Notwendigkeit, Leben und Eigentum zu retten, das zeitweilige Vergessen der Schwäche – das war nötig, um den Geist in den richtigen Zustand zu versetzen.

Beweise von solcher Macht des Geistes über den Körper finden wir oft und viel. Es ist wunderbar, dass die Menschheit so lange gebraucht hat, diese Zeichen zu verstehen, die richtigen Folgerungen daraus zu ziehen und die richtige Anwendung davon zu machen. Wie die Kraft der Elektrizität gewissermaßen durch die Luft über ganze Meere zu dringen und menschliche Botschaften zu tragen im Stande ist, so war auch diese Kraft des Geistes schon längst vorhanden, aber erst jetzt fängt man an, sie zu erfassen. Die Rolle, die der Geist bei der Heilung von Krankheiten spielt, ist den Ärzten wohlbekannt, und große Anzahl von Büchern ist gefüllt worden mit beeindruckenden Beispielen von Fällen, wo der Geist mehr getan hat, als die gewöhnliche Heilkunde und Chirurgie.

Einer der angesehensten ärztlichen Forscher, Dr. William Osler, den König Eduard VII. von der John-Hopkins-Hochschule weg zum Regius-Professor der Heilkunde nach Oxford berief, sagt in der amerikanischen Enzyklopädie: „Das seelische Verfahren hat immer eine wichtige, freilich oft unerkannte Rolle bei der Heilung gespielt. Ein großer Teil der Heilungen geschieht durch einen festen Glauben, der den Geist ermuntert, das Blut freier fließen und die Nerven ihre Arbeit ohne Störung tun lässt. Niedergeschlagenheit oder Mangel an Glauben kann den stärksten und gesundesten Körper bis an die Schwelle des Grabes herunterbringen; der Glaube macht einen Löffel voll Wasser oder ein Brotkügelchen fähig, wahre Wunder von Heilungen zu vollbringen, wo man die besten Arzneien aus Verzweiflung weggeschüttet hat. Die Grundlage der gesamten Ausübung der Heilkunde ist der Glaube an den Arzt, an seine Mittel und an sein Verfahren."

Ähnlich sagt Dr. Smith Ely Jellisse von der Columbia Universität in derselben Enzyklopädie: „Ohne Frage ist das älteste und jetzt wieder neueste Mittel zur Heilung die Suggestion. Die Kraft, durch den Glauben zu heilen, gehört keiner bestimmten Religionsgemeinschaft und keinen besonderen Stand ausschließlich an, ebenso wenig gibt es nur eine einzige bestimmte Lehre darüber. Der Glaube an Götter und Göttinnen, das Gebet zu Götzenbildern aus Holz oder Stein oder aus Sommerfäden, der Glaube an den Arzt, der Glaube an uns selbst, sei er in unserem Innern entsprungen oder uns erst von außen gebracht – all das sind Erscheinungen der großen Heilkraft, die in dem Einfluss geistiger Zustände auf körperliche Tätigkeiten ruht. Diese Kraft versetzt keine Berge, sie kann nicht die Schwindsucht heilen, sie hat keine Wirkung auf ein gebrochenes Bein oder eine organische Lähmung, aber die Suggestion in ihrem mannigfachen Formen kann sein und ist wirklich eine der stärksten Unterstützungen jedes Heilverfahrens. Ich will hier nicht von dem Missbrauch reden, den Hypnotiseure, Hellseher und eine Schar von derartigen Leuten mit ihr treiben. Der menschliche Geist ist leichtgläubig von Natur, er glaubt, was er zu glauben wünscht und was er glauben will, und der Gebrauch der Suggestion bei der Heilung gibt eine große Kraft zum Guten wie zum Schlimmen."

In dieser Äußerung hängt Dr. Jellisse vielleicht zu sehr am Hergebrachten, sonst würde er gewiss zugeben, dass das Zusammenfügen eines gebrochenen Knochens im Innersten beeinflusst wird durch den Geisteszustand des Kranken, von dem alle Tätigkeiten wie Atmen, Verdauung, Ausscheidung abhängen.

Es ist längst erwiesen, dass ein fester Willensentschluss, zusammen mit den richtigen Bedingungen der Wärmeregelung und Pflege, bei der Erholung von milderen Formen der Schwindsucht sehr bedeutend mithilft und dass sogar eine ganz alte Lähmung wieder plötzlich geheilt werden kann durch heftige Erschütterung des Geistes oder der Nerven. Schon vor langer Zeit hat Sir James Y. Simpson gesagt: „Der Arzt kennt und übt noch nicht den ganzen Umfang seiner Kunst, wenn er den wunderbaren Einfluss des Geistes auf den Körper nicht berücksichtigt."

Unsere **Zweifel** sind **Verräter**

und lassen uns oft das Gute,

das wir gewinnen könnten, dadurch verlieren,

dass sie uns **abhalten**,

es **ernstlich** zu wollen.

Shakespeare, (aus Maß für Maß)

4. Unser schlimmster Feind ist die Furcht

Das tödlichste Werkzeug des Gedankens, mit dem er das menschliche Leben bedroht, ist die Furcht. Die Furcht verschlechtert den Charakter, vernichtet das Streben, verursacht Krankheit, zerstört das Glück in uns und in anderen und verhindert uns an der Erlangung von tausend Gütern. Sie hat nicht eine einzige gute Eigenschaft: sie ist ganz und gar von Übel.

Die Wissenschaft von den Lebensvorgängen weiß heute ganz genau, dass die Furcht das Blut ärmer an wertvollen Stoffen macht, weil sie die Verdauung stört und die Ernährung schwächt. Sie erniedrigt die geistige und körperliche Lebenskraft und tötet jede Fähigkeit zu erfolgreichem Wirken. Sie ist der Todfeind allen jugendlichen Glücks und der gefürchtetste Gefährte des Alters. Der Frohsinn entflieht vor ihrem schreckenden Blick, und Heiterkeit des Gemüts kann nicht im gleichen Haus mit ihr wohnen. Dr. William H. Holcomb sagt: „Von all den krankhaften Zuständen, die auf den Menschen als Ganzes so nachteilig einwirken, besetzt die Furcht das weiteste Gebiet. Sie hat viele Grade und Abstufungen, von dem Zustand des äußersten Entsetzens bis zur leisen Ahnung eines bevorstehenden Übels. Aber auf der ganzen Linie ist sie dasselbe – ein durch die Nerven auf alle schaffenden Lebensmittelpunkte sich übertragender lähmender Druck mit einer Menge äußerlicher krankhafter Anzeichen in jedem Gewebe des Körpers."
Horace Fletcher sagt: „Die Furcht ist wie Kohlensäure, die in unsere Lebensluft eingepumpt wird. Sie verursacht Erstickung auf dem Gebiet des Gedankens, der Sittlichkeit und des Geistes, und sie ist manchmal geradezu tödlich – tödlich

für die Energie, tödlich für die Gewebe und tödlich für alles lebendige Wachstum."

Und doch leben wir von unserer Geburt an unter der Herrschaft und in der Gegenwart dieses bösen Geistes, der Furcht! Tausendmal wird das Kind vor dem und jenem gewarnt: hier droht ihm Gift, hier ein Biss, hier gar der Tod; irgendetwas Schreckliches steht ihm bevor, wenn es dies oder das tut. Männer und Frauen können bestimmte harmlose Tiere nicht ohne Entsetzen erblicken, weil man ihnen als Kinder gesagt hatte, sie würden von ihnen verletzt. Es ist eine der größten denkbaren Grausamkeiten, in den bildsamen Geist eines Kindes das schreckliche Bild der Furcht einzuprägen, das wie die Buchstaben in der Rinde eines jungen Stämmchens mit den Jahren sich immer verbreitert und vernarbt. Die düsteren Schatten dieses schrecklichen Bildes hängen über dem ganzen Leben und schirmen die Sonne der Freude und des Glückes von ihm ab.

Ein australischer Schriftsteller sagt: „Fast das größte Unglück, das ein heranwachsendes Kind treffen kann, ist, eine Mutter zu haben, die beständig von nervöser Angst gequält wird. Wenn eine Mutter der krankhaften, ins Kleinste gehenden und alles durchdringenden Furcht Raum gibt, so erfüllt sie unvermeidlich die Umgebung ihrer Kinder mit Schreck und Angst. Der Hintergrund der Furcht ist die Gewohnheit oder die Neigung, das Schlimmste vorauszusehen und zu erwarten. Die Mutter, die keinen Schritt tut und ihre Kinder keinen Schritt tun lässt, ohne Millionen von furchtbaren Möglichkeiten im Geist heraufzubeschwören, verbittert ihnen den Lebenskelch mit einem langsam aber sicher wirkenden Gift. Ich weiß, dass Tausende von Jungen und Mädchen heute ängstlich, schwächlich, untätig und ungeschickt sind, bloß weil man sie schon im frühesten Alter gelehrt hat, in allem, was sie taten oder nur versuchten, die Möglichkeit einer Gefahr zu erblicken. Eine Mutter nimmt eine furchtbare Verantwortung auf sich, wenn sie aus törichter Furcht vor einer möglichen Verletzung ihrem Kind das Austoben seines Überschusses an Lebenskraft verbietet, das den Mut, die Ausdauer, das Selbstvertrauen und die Selbstbeherrschung gleichmäßig fördert."

„Mehr als zwanzig Jahre habe ich der Erforschung der Seelenkunde des Verbrechers und des Kindes gewidmet", sagt Dr. Lino Ferriani. „Tausendmal habe ich die traurige Tatsache feststellen müssen, dass mindestens achtzig von hundert krankhaft ängstlichen Kindern bei Zeiten hätten geheilt werden können durch die einfachsten, vom gesunden Menschenverstand eingegebenen Regeln der seelischen und körperlichen Gesundheitslehre, bei denen das wichtigste Stück die Suggestion ist, die von einem tapferen Mut ausgeht."

Nicht zufrieden damit, Furcht vor Dingen einzuflößen, die wenigstens wirklich werden könnten, erfinden viele Mütter und die meisten Kinderwärterinnen noch alle Arten von Schreckgespenstern und Ungetümen, um die armen Kinder durch Schrecken zum Gehorsam zu bringen. Manchmal kann man sogar hören, wie ein Kind zum Schlafen gebracht werden soll durch die Worte: „Wenn du nicht sogleich einschläfst, kommt ein großer schwarzer Bär und frisst dich."

Wie viel Schlaf würde wohl ein Erwachsener in einer Lage finden, wo so etwas wirklich möglich wäre? Die Furcht im Dunkeln würde es fast gar nicht geben, wenn die Eltern sich bemühten, den Kindern beizubringen, dass im Finstern alles ebenso ist wie im Hellen. Aber stattdessen bevölkern sie das geheimnisvolle Dunkel noch mit allen möglichen Ungeheuern und Gespenstern, wie sie die menschliche Einbildungskraft sich nur ausdenken kann. Die Mütter verschwenden eine Unsumme von Energie in der Angst um ihre Kinder. Manche finden keinen Augenblick Ruhe, solange ihre Jungen oder Mädchen ihnen aus den Augen sind. Wie oft hast du in der Einbildung dein Kind von einem Baum oder sonst wo herunterfallen sehen! Wie oft hast du sie ertrinken sehen, wenn sie im Boot fuhren oder Schlittschuh liefen! Wie oft hast du deinen Jungen im Geist vom Fußball oder anderen Spielen mit gebrochenen Gliedern oder blutendem Gesicht heimtragen sehen!

Wenn nun nichts von all dem eingetroffen ist, was ersetzt dir die Stunden der Angst mit ihrer Schwächung der Lebenskraft und des Lebensmutes? Solche nutzlosen Einbildungen aller möglichen Übel machen viele Frauen vor der Zeit alt und welk. Und das Schlimmste ist, dass so viele meinen, es sei ihre Pflicht und ein Zeichen ihrer Liebe, wenn sie sich die ganze Zeit ängstigen! Wenn so furchtsame und ängstliche Mütter ihre Kinder mit einem Luftkreis von Furcht umgeben und ihnen gar noch neue und unwirkliche Gegenstände der Furcht aufreden, dann ist es nicht zu verwundern, dass die ganze Welt belastet und niedergedrückt erscheint unter dem furchtbaren Gewicht der Furcht und Angst.

Geh in irgendeine Versammlung von Menschen, und wie heiter und glücklich sie auch erscheinen mögen, du wirst finden, wenn du einen der Heitersten fragst, dass der Wurm der Furcht in irgendeiner Gestalt an seinem Herzen nagt. Die Furcht vor einem Unglücksfall, vor Krankheit, vor Verarmung, vor dem Tod, vor irgendeinem schrecklichen Unglück lauert auch unter der Decke der scheinbar größten Lustigkeit. So verbringen Tausende von Menschen ihr Leben unter dem Schatten der Furcht, gescheucht von der Angst vor einem unbekannten drohenden Übel. So spricht die Sorge zu Faust:

> *Wen ich einmal mir besitze,*
> *dem ist alle Welt nichts nütze;*
> *ewiges Düstre steigt herunter,*
> *Sonne geht nicht auf noch unter,*
> *bei vollkommen äußern Sinnen*
> *wohnen Finsternisse drinnen,*
> *und er weiß von allen Schätzen*
> *sich nicht in Besitz zu setzen.*
> *Glück und Unglück wird zur Grille,*
> *er verhungert in der Fülle.*

Viele Menschen verderben sich ihr Leben durch das ewige Sorgen um das, was wohl morgen geschehen wird. Die Familie leistet sich nicht das kleinste erlaubte Vergnügen, keine Reise, keine gute Zeitschrift, keine Erholung, man spart an der Kleidung, sogar am Essen und allem, was zur Bildung und Erholung gehört, wenn es Geld kostet – alles bloß, weil vielleicht nächstes Jahr schlechte Zeiten kommen könnten.

„Es kann eine plötzliche Wendung des Geldmarktes eintreten", sagt der Schwarzseher. „Ein Kind kann krank werden, die Zeiten können schlecht sein, die Ernte kann missraten, eine geschäftliche Unternehmung kann missglücken. Wir können nicht voraussagen, was geschehen kann, aber wir müssen auf das Schlimmste gefasst und vorbereitet sein." So wird das Leben von Hunderten von Familien verkümmert und manchmal gänzlich gestört, alles durch das Schreckensgespenst eines bevorstehenden Unglücks.

Eine der schlimmsten Eigenschaften dieses übersparsamen, ängstlichen und hoffnungsarmen Lebens ist die, dass es die Entwicklung der Jugend hindert und schädigt und seine dunklen Schatten gleichmäßig über die Zukunft wie über die Gegenwart wirft. Eine Tochter oder ein Sohn sollten zum Beispiel dieses Jahr eine bestimmte höhere Schule besuchen. Die Zeit eilt schnell, und ehe sie es merken, sind sie zu alt dazu. Aber Vater und Mutter sind überzeugt, dass sie sich dieses Jahr keine besondere Ausgabe leisten können, und so heißt es jedes Jahr: „Sie müssen noch ein bisschen warten."

Wie viele Menschen werden in ihrer Bildung geschädigt und ihrer Möglichkeiten beraubt, bloß weil ihre Eltern die nötige Ausbildung aus Furcht vor etwas, das niemals eintrat, aufgeschoben haben, bis es zu spät war! Niemand wird die richtige Sparsamkeit und Enthaltsamkeit herabsetzen wollen, aber diese dunkle Furcht, dass „etwas geschehen könnte", dieses Aufschieben der Erholung, der Ausbildung, der Bildungsgelegenheiten, der Reisen, der Bücher, der unschuldigsten Vergnügungen, bis die Empfänglichkeit dafür erloschen ist – das ist eine Krankheit enger, hoffnungsarmer Seelen, gegen die jeder gesunde Mensch ankämpfen müsste.

Denk an die Millionen von menschlichen Geschöpfen, die Gott geschaffen und auf diese frohe Erde gesetzt hat, ausgestattet mit allen Fähigkeiten, um ihr Leben zu genießen – diese müssen nun kostbare Jahre verlieren in Sorgen und Bangen: „irgendetwas könnte geschehen". Welch eine bedauernswerter Anblick sind die ängstlichen Gesichter voller Sorgenfalten, die grauen Haare, der unglückliche Ausdruck aller derer, die sich so vor möglicherweise eintretenden Unglücksfällen ängstigen! Kaum einer unter tausend solcher

Sorgenfalten, kaum eines unter Millionen grauer Haare verdankt seinen Ursprung einem wirklichen Unglück. Was die Haare ergrauen lässt und die Gesichter mit Falten durchfurcht, was den Schritten ihre Spannkraft nimmt und den Frohsinn aus dem Leben raubt, das sind Brücken, über die man nicht gegangen ist, Unglücksfälle, die niemals eingetroffen sind.

Die Sorge nistet gleich im tiefen Herzen,
dort wirket sie geheime Schmerzen,
unruhig wiegt sie sich und störet Luft und Ruh;
sie deckt sich stets mit neuen Masken zu,
sie mag als Haus und Hof, als Weib und Kind erscheinen,
als Feuer, Wasser, Dolch und Gift,
du bebst vor allem, was nicht trifft,
und was du nie verlierst, das musst du stets beweinen.

Welche Verschwendung von Energie und menschlicher Lebenskraft ist mit dieser verderblichen Gewohnheit verknüpft, künftiges Übel in Gedanken vorauszunehmen! Denke, welche Summe von Arbeit du mit der geistigen und körperlichen Energie hättest leisten können, die du verbraucht hast mit der Furcht, es könnte etwas geschehen, was dann doch nicht geschah. Denke nur an die Stunden, die du mit dem Nachdenken darüber verdorben hast, was du tun würdest, wenn das Unglück einträte! Könnten wir uns losmachen von diesen eingebildeten Sorgen, unser Leben würde unendlich viel glücklicher und gesünder sein.

Deshalb besteht eine der größten Aufgaben der Charakterbildung darin, die schädlichen Wirkungen der Furcht in allen Formen ihrer Erscheinung zu vernichten. Niemand kann ein natürliches, gesundes, sonniges, für andere segensreiches

und mit sich selbst im Einklang stehendes Leben führen, solange er in einer Umgebung der Furcht lebt. Niemand kann
auf ein glückliches und erfolgreiches Leben hoffen, solange
er nicht die Keime der Furcht mit der Wurzel ausrottet. Es ist
Pflicht für jeden Einzelnen, diesen Feind der ganzen
Menschheit in seinem eigenen Geist zu besiegen und alles
zu tun, was er kann, um auch andere, besonders die Jugend,
aus den Krallen dieses Gespenstes zu reißen. Zum Glück
haben Denker und Forscher gezeigt, dass dies möglich ist,
und es ist eine herrliche Aussicht, zu denken, dass kommende Geschlechter lernen werden, alle Furcht zu verban-
nen und mit hellen Augen und hoffendem Herzen nach dem
Ziel vollkommenen Glückes zu streben.

Der Furchtgedanke, der **Erzfeind** der **Menschheit,** kann aus unserer Denkgewohnheit ausgeschaltet und **mit der Wurzel ausgerottet** werden – aber nicht durch UNTERDRÜCKUNG.

Horace Fletcher

5.   Wie man die Furcht überwindet

Wenn wir darangehen, die Furcht zu überwinden, müssen wir zu allererst genau wissen, was wir fürchten. Es ist immer etwas, was noch nicht eingetroffen ist:

Du bebst vor allem, was nicht trifft.

Das heißt aber so viel wie: es ist etwas, was nicht vorhanden ist. Der Gegenstand der Furcht ist ein bloßes Gedankending, das wir uns einbilden und das uns nicht als Wirkliches, sondern bloß als Möglichkeit schreckt.

Angenommen, du hast Furcht, das gelbe Fieber zu bekommen, das heißt, du fürchtest dich vor den Leiden, die mit der Krankheit verknüpft sind und vor dem möglichen üblen Ausgang. So lang du nun das Fieber noch nicht hast, ist es etwas noch nicht Wirkliches. Wenn du es hast, so bist du offenbar noch nicht daran gestorben, und niemand kann sicher sagen, dass du daran sterben wirst. Also ist alles, was zu irgendeiner Zeit für dich davon wirklich sein kann, Schmerz und Schwäche des Körpers. Der Zustand der Furcht macht alles Üble der Krankheit noch schlimmer und den schlimmen Ausgang der Sache beinahe sicher. Weil man sich vor dieser Krankheit so sehr fürchtet, deshalb ist sie so oft tödlich und sogar die tatsächliche Ansteckung scheint dabei vielfach von der Furcht vor der Ansteckung beeinflusst zu sein – das sage ich allen Anschauungen von Bazillen zum Trotz und obwohl ich weiß, dass ihre Rolle in der Entwicklung der Krankheit durch das Vergrößerungsglas nachgewiesen ist. Denn die Ansteckungskeime wirken auf einen gesunden und furchtlosen Menschen gewöhnlich nicht.

Während in New Orleans ganze Massen am gelben Fieber erkrankten, lange bevor die Forscher sich über die Frage der Ansteckungsmöglichkeit geeinigt hatten, kam eine junge Lehrerin aus dem Norden mit hohem Fieber in Natchez im Staat Mississippi an. Dr. Samuel Cartwright wurde geholt und ließ, wie Dr. William H. Holcomb erzählt, am nächsten Morgen alle Bediensteten des Gasthofes und alle Gäste im Empfangszimmer zusammenkommen und hielt eine Rede etwa folgenden Inhalts an sie: „Das junge Mädchen hat das gelbe Fieber. Diese Krankheit ist nicht ansteckend und wenn Sie meinem Rate folgen, so werden Sie der Stadt einen allgemeinen Furchtausbruch ersparen, und ein solcher wirkt auf die Ansteckung wie ein Treibhaus auf die Pflanzen. Reden Sie nicht über den Fall; tun Sie, als ob er gar nicht vorgekommen wäre. Die Frauen im Haus mögen die Kranke pflegen, ihr Blumen und Erfrischungen bringen und tun, als sei es eine ganz harmlose Sache ohne jede Gefahr. Ich werde nicht nur das Leben dieser Kranken retten, sondern, wie ich hoffe, das Leben noch vieler anderer."

Dieser Weg wurde eingeschlagen; nur eine einzige Frau zog es vor, sich im entferntesten Zimmer des Gasthauses von aller Berührung mit anderen abzuschließen. Die junge Lehrerin wurde gesund und niemand im ganzen Haus bekam das gelbe Fieber, als nur diese eine von Furcht gequälte Frau; auch sie genas wieder. „Durch sein großes Ansehen und seine starke magnetische Kraft", so sagt Dr. Holcomb, „zerstreute Dr. Cartwright die Furcht seiner Umgebung und verhinderte den Ausbruch einer Massenerkrankung. Für diese großartige Auffassung und erfolgreiche Anwendung des Grundsatzes von der Macht des Geistes und Gedankens über die körperlichen Zustände, die man erst jetzt allmählich zu erkennen anfängt, dafür verdient dieser Mann ein stolzeres Denkmal als mancher Held und Staatsmann."

Die meisten Menschen fürchten sich, auf einem schmalen Weg nahe neben einem Abgrund zu gehen. Wenn derselbe schmale Weg auf einer breiten Straße aufgezeichnet wäre, so könnten sie sich ganz leicht auf ihm halten und dächten gar nicht daran, das Gleichgewicht zu verlieren. Das Einzige, was also dabei Gefahr bringt, ist die Furcht zu fallen.

Kaltblütige Menschen sind furchtlos, sie lassen den Gedanken einer möglichen Gefahr nicht über sich Herr werden, sondern bewahren die volle Herrschaft über ihre körperlichen Fähigkeiten und Kräfte. Ein Seiltänzer oder Luftreckturner braucht nur die Furcht zu überwinden, um die meisten der Kunststücke fertig zu bringen, die die Zuschauer in solches Erstaunen versetzen. Für manches braucht er besondere Übung der Muskeln oder des Auges oder der Berechnung, aber die Hauptsache bei allem ist ein kühler, von Furcht freier Kopf.

Die eingebildeten Gestalten, durch die ein Kind im Dunkeln bis zu Krämpfen erschreckt werden kann, sind für seine Eltern einfach nicht vorhanden. Sobald auch das Kind überzeugt ist, dass die gefürchteten Geister und Ungeheuer gar nicht vorhanden sind, verschwindet die Furcht. Ein Stadtkind, das noch niemals auf Gras gegangen war, zeigte große Furcht, als es zum ersten Mal auf nachgiebigem Rasen ging und schritt so zaghaft daher, als wandelte es auf heißem Eisen. Es war nichts zu fürchten, aber das Kind dachte, es sei etwas zu fürchten. Sobald der Glaube an eine Gefahr weg war, war auch die Furcht weg. So wäre es auch mit der Furcht der Erwachsenen, wenn nicht Gewohnheit, allgemein menschliche Gedanken und schlechte Erziehung in der Jugend uns Fallen stellten, denen wir schwer entgehen können. Wenn wir uns nur ein einziges Mal zu der Überzeugung erheben könnten, dass die Furcht nichts ist als eine Einbildung unseres Geistes, dass sie nirgends als in unserem Bewusstsein vorhanden ist, dass sie keine Macht zu schaden hat, als die, die wir selbst ihr verleihen – was für ein Segen wäre das für die Menschheit!

Nimm eine der gewöhnlichsten Formen der Furcht: die Furcht, dass man seine Stelle verliert. Die Leute, die sich selbst mit der Angst vor diesem möglichen Fall unglücklich machen, sind offenbar noch nicht entlassen. So lang sie das noch nicht sind, fehlt ihnen überhaupt nichts und kann ihnen nichts fehlen. Ihre Lage ist also zufriedenstellend. Wenn nun die Entlassung eintritt, dann ist es zu spät, sich vor ihrem Kommen zu ängstigen, und alle frühere Angst zeigt sich also als reine Verschwendung, als etwas, das gar nichts genützt, sondern im Gegenteil uns noch für den Kampf um eine neue Stellung geschwächt hat. Wenn dieser Kampf beginnt, ist freilich ein neuer Anlass vorhanden, aus dem man sich ängstigen kann: die Furcht, dass man keine neue Stellung findet. Wenn aber eine solche gefunden ist, so zeigt sich wieder, dass jene Furcht nichts genützt, sondern höchstens geschadet hat.

Es gibt gar keine Umstände, die die Furcht in irgendeiner Lage und zu irgendeiner gegenwärtigen Zeit rechtfertigen. Ihr Gegenstand ist immer eine eingebildete Lage in der Zukunft. Wenn du die verschiedenen Formen der Furcht überwinden willst, so verfolge jede auf diese Weise bis in ihre letzten Schlussfolgerungen und überzeuge dich selbst, dass das, was du fürchtest, im gegenwärtigen Augenblick nirgends vorhanden ist, als in deiner Einbildung. Ob es in Zukunft wirklich wird oder nicht, jedenfalls ist deine Furcht eine Verschwendung von Zeit, Energie und tatsächlicher geistiger und körperlicher Kraft. Lass das Fürchten sein, gerade wie du das Essen oder Trinken von etwas sein lässt, von dem du weißt, dass es dir früher geschadet hat. Und wenn du es durchaus nicht lassen kannst, dich vor etwas zu fürchten, so fürchte dich vor den verderblichen Wirkungen der Furcht, vielleicht hilft das! Aber die bloße Überzeugung, die du dir bildest, dass das, was du fürchtest, nur in der Einbildung vorhanden ist, genügt noch nicht: es muss noch dazu kommen, dass du deinen Geist dahin erziehst, dass er alle Furchtsuggestionen von sich weist und allen Gedanken, die dazu führen könnten, Widerstand leistet. Dazu bedarf es aber einer nie nachlassenden Wachsamkeit und einer lebhaften geistigen Anstrengung. Wenn Gedanken der Sorge oder Furcht sich dir aufdrängen wollen, so ist es nicht genug, wenn du ihnen nicht nachhängst und sie nicht übermächtig werden lässt, sondern du musst an andere Dinge denken, an Dinge, die dich zu den gegenteiligen Empfindungen hinlenken.

Wenn du etwa einen persönlichen Misserfolg fürchtest, so musst du statt der Gedanken, wie klein und schwach du seist, wie schlecht du zu der großen Aufgabe vorbereitet seist, wie sicher du Misserfolg haben werdest, gerade im Gegenteil daran denken, wie stark und wie geeignet du für die Sache bist, wie manchmal du schon ähnliche Aufgaben gelöst hast, wie du jetzt alle deine früheren Erfahrungen ausnützen wirst und wie du der gegenwärtigen Aufgabe gewachsen bist: dann vollende das Werk siegreich und sei bereit zu etwas noch Größerem. Eine derartige geistige Haltung, gleichviel ob man sie bewusst annimmt oder bloß unbewusst besitzt, bringt den Menschen in höhere und immer höhere Stellungen.

Derselbe Grundsatz, die Furchtgedanken durch frohe, hoffnungs- und vertrauensvolle Gedanken einfach aus dem

Geist hinauszudrängen, lässt sich auf all die verschiedenen Formen der Furcht anwenden, die täglich uns bedrohen. Im Anfang wird es nicht leicht sein, den Lauf der Gedanken so umzuleiten und einfach damit aufzuhören, dass man an düstere und niederdrückende Dinge denkt. Eine Hilfe bei diesem Vorgehen ist sehr erwünscht. Eine plötzliche Veränderung der Arbeit, so dass man seinen Geist gesammelt auf eine Sache richten muss, wird oft wirken wie die Umstellung einer Weiche auf der Eisenbahn. Sich an irgendein heiteres oder angenehmes Erlebnis zu erinnern, vertreibt gar oft die Sorgen, wie es in dem Kinderlied heißt. Ein sehr fesselndes oder auch ein heiteres Buch hilft sicher, vorausgesetzt, dass man es mit gespannter Aufmerksamkeit liest. Welche Mittel man auch anwenden mag: die Aufgabe, die Furcht zu überwinden, ist die wichtigste der ganzen Charakterbildung und sie ist jede Anstrengung wert. Erst wenn dies geschehen, wirklich geschehen ist, erst dann kann die Menschenseele sich zu der ihr gebührenden gottgewollten Herrscherstellung erheben und zu höheren und immer höheren Kreisen der Kraft aufsteigen.

Zorn und Sorge bringen nicht nur **Verkümmerung** *und* *Lebenshemmung,* *sondern* **manchmal** *sogar den* TOD.

Horace Fletcher

Gewalttätigkeit schafft nichts **Dauerndes.** **Hass, Zorn, Rache** sind alles **Formen der Furcht** und gehen vorüber. Stille nachhaltige Bemühung zerstreut sie. **Sei stark.**

Elbert Hubbard.

6.   Todbringende Gemütsbewegungen

Die Furcht ist nicht die einzige Gefühlserregung, die uns tödlich werden kann. Menschen mit schwachem Herzen setzen sich einer Lebensgefahr aus durch jede ungewöhnliche und verwirrende Gemütsbewegung; aber auch für Gesunde ist die Schädigung oft kaum geringer. Schon mancher heftige Wutanfall hat Schlaganfall und Tod zur Folge gehabt. Kummer, langandauernde Eifersucht und aufreibende Angst um jemand sind schon an mancher Krankheit schuld gewesen. Gemütsbewegungen sind eben tödlich für die Vernunft. Kummer ist, wie schon gesagt, eine der am besten bekannten und am öftesten festgestellten Formen dieser todbringenden Gefühlsbewegungen.

Man sagt, der Maler Correggio sei aus Kummer darüber gestorben, dass er bloß vierzig Dukaten für ein Bild bekam, das jetzt zu den größten Schätzen der Dresdener Bildersammlung gehört. Der Dichter Keats starb infolge eines Urteils über eines seiner Werke, das für seine Empfindlichkeit zu scharf war, und so ist es Hunderten von solchen überempfindlichen Seelen ergangen. Fälle, wo junge Mädchen wegen betrogener Liebe starben, sind bekanntlich nicht selten. Wenn eine Gemütsbewegung auch nicht gerade tödlich wirkt, so kann sie doch die übelsten Folgen haben.

Ein starker Ärger vernichtet die Esslust, hemmt die Verdauung und bringt die Nerven für Stunden, ja für Tage in Unordnung. Das gesamte körperliche und als Wirkung davon ebenso das geistige und sittliche Gleichgewicht wird gestört. Wie der Ärger ein schönes Gesicht hässlich macht, so stört er auch das ganze Befinden. Der Ärger der stillenden Mutter kann den Säugling vergiften. Der höchste Grad von Ärger kann Gelbsucht und, wie manche andere Gemütsbewegungen, Erbrechen hervorrufen.

Eifersucht bringt den ganzen Menschen in einen Zustand völliger Verwirrung und ist eine der tödlichsten Feinde der Gesundheit, des Glücks und des Erfolges. Die Opfer der Eifersucht verlieren nicht selten ihre ganze Gesundheit, so lange die Leidenschaft anhält, und geraten in eine solche sittliche Verwirrung, dass sie zu Mord oder Selbstmord schreiten oder wahnsinnig werden. In jeder Spalte der Pariser Zeitung findet sich ein Bericht über „Drames passionels", Trauerspiele aus Leidenschaft.

Starker, langandauernder Hass lähmt oft nicht bloß die Verdauung und vernichtet den Seelenfrieden, sondern verdirbt den ganzen Charakter. Professor Elmer Gates, der tiefer als irgendein anderer Forscher in die Kenntnis der Gemütsbewegungen eingedrungen ist, sagt: „Man braucht nicht überrascht zu sein, wenn man hört, dass die Gefühle der Trauer, des Schmerzes und des Kummers die körperlichen Ausscheidungen beeinflussen, denn jedermann hat gewiss schon beobachtet, dass, während diese Gefühle uns stark beherrschen, die Atmung und der Blutumlauf sich verlangsamen, die Verdauung gestört, die Wangen bleich, die Augen glanzlos werden und sich noch andere äußere Anzeichen einstellen."
Professor Gates hat durch verschiedene Mittel und sinnreiche Werkzeuge den Zeitpunkt, in dem die Ermüdung wirksam wird, und die Zeit, die vom Reiz bis zur Antwort verfließt, gemessen und festgestellt, dass ein Mensch zu größerer Anstrengung der Muskeln, des Denkens und des Wollens fähig ist, wenn er sich in froher Stimmung befindet, als in niedergedrücktem Zustand. „Der Körper versucht bekanntlich die

Erzeugnisse des Gewebeverbrauchs auszustoßen, und so ist es nicht verwunderlich, dass bei starkem Kummer massenhaft Tränen abgesondert werden, dass bei plötzlichem Schrecken die Eingeweide sich bewegen und die Nieren ihre Entgiftungstätigkeit beginnen, dass bei andauernder Furcht der Körper sich mit kaltem Schweiß bedeckt, dass man im Zorn einen bitteren Geschmack im Mund empfindet und anderes. Der bei der Furcht abgesonderte Schweiß verhält sich chemisch ganz anders und riecht sogar anders als der Schweiß bei froher Stimmung."

Nachdem er die Rolle gezeigt hat, die die Ausscheidung der Gifte im Körperhaushalt spielt, fährt Professor Gates fort: „Es kann auf verschiedene Weise gezeigt werden, dass die Ausscheidung der Zerfallsprodukte in trüben und schmerzlichen Gemütszuständen sich verlangsamt und, was noch schlimmer ist, dass die niederdrückenden Zustände geradezu die Masse dieser Gifte vermehren. Umgekehrt schränken die angenehmen und mit Glücksempfinden verbundenen Zustände, solange sie anhalten, die giftigen Wirkungen jener anderen Zustände ein und veranlassen die Zellen, Lebensenergie und gewebsernährende Stoffe zu erzeugen und aufzuspeichern. Diese Versuche geben uns wertvolle Winke für unsere Selbsterziehung. Wenn Trauer und Kummer uns befallen, so sollten wir mit Bewusstsein und Willen vermehrte Anstrengungen machen, um die Atmung, Schweißabsonderung und Nierentätigkeit zu verstärken und zu beschleunigen, damit dadurch das Gift umso schneller ausgeschieden wird. Trage deinen Kummer an die frische Luft, arbeite körperlich, bis du in Schweiß gerätst, wasche durch tägliches Baden die Ausscheidungen auf der Haut ab und benütze vor allem sämtliche Mittel, die du kennst, das Theater, die Dichtkunst und andere Künste, und daneben die bewusste Willensleitung, um glückliche und angenehme Gefühle in dir zu erregen. Alles, was dazu beiträgt, das Gefühl der Trauer hervorzubringen, zu verlängern oder zu verstärken, ist vom Übel, mag es nun eine besondere Kleidung, ein dazu geeignetes Theaterstück oder sonst etwas sein.

Das Glücksgefühl ist eher ein Mittel, als ein Ziel zu nennen: es erzeugt Energie, verstärkt die Ernährung und das Wachstum und verlängert das Leben.

Die uns das Leben gaben, herrliche Gefühle,

die geben uns auch die richtige Glücksempfindung, und ihre wissenschaftliche Erforschung und vernünftige Ausbildung ist ein wichtiger Schritt vorwärts in der Kunst, den Geist mit mehr Geschick und Erfolg für Gesundheit und Leben zu benützen, als es bisher geschehen ist. Durch richtige Selbsterziehung können die niederdrückenden Gefühle ganz aus dem Leben ausgeschaltet und die erhebenden zu beständiger Herrschaft gebracht werden. All dies führt uns dem Ziele menschlicher Vervollkommnung und menschlichen Glücks näher.

Hör auf mit deinem Gram zu spielen,
der wie ein Geier dir am Leben frisst

so mahnt der lebenskundige Dichter. Diesen Gram aber monate- und jahrelang zu hegen und zu pflegen, wie es so viele Menschen machen, ist ein Verbrechen gegen uns selbst und gegen alle, mit denen wir in Berührung kommen. Es bringt schlechterdings nichts Gutes, für gar niemand, am wenigsten für den, der von dem Gram gequält und gewiss dadurch nicht glücklicher wird. Auch der Verstorbene oder von uns Getrennte kann sich über unsere beständige Trauer nicht freuen und jeder, der mit uns zusammenlebt, wird durch unsere Trauer niedergedrückt und geschädigt. Eine solche Trauer ist nur Mitleid mit sich selbst, also eine Art von Selbstsucht. Es mag sein, dass eine Quelle des Glückes und Wohlbefindens in deinem Leben versiegt ist, aber warum willst du dann nicht wenigstens die frohe Erinnerung an das hegen, was du einst besessen hast? Ist das nicht besser, als dich und noch viele andere unglücklich zu machen, weil diese Quelle nicht mehr fließen will?

Sollte ich das Leben hassen,
in Wüsten fliehen,
weil nicht alle Blütenträume reiften?

Was würden wir von einem Reisenden denken, der aus der Schweiz weinend und trauernd zurückkäme, weil er nicht immerfort in einem lieblichen Tal weilen und die herrliche Aussicht genießen könne? Wir erwarten umgekehrt, dass sein Auge glänzt und seine Bewegungen lebhaft sind, wenn er uns von dem Schönen erzählt, das er gesehen, und von dem Glück, das er empfunden hat. „In diesem Zusammenhang", sagt Horace Fletcher, „muss man sich lebhaft vorhalten, dass Trennung oder Tod unwesentlich sind im Vergleich mit dem Glück, den Geliebten gekannt und besessen zu haben, und dass bei einer unvermeidlichen Trennung die Dankbarkeit den Kummer überwiegen sollte."
Die Haltung des Geistes gegenüber jener Trennung, die wir Tod nennen, muss so sein, dass sie uns den Gedanken, ja die Worte eingibt: „Geh hin, Geliebter, tritt ein in den erhöhten Zustand, der, wie alle Naturvorgänge zeigen, die Wirkung jeder Veränderung ist; bald kommt die Zeit für mich, dir zu folgen; meine frohen Gedanken, dass du schon so weit bist, begleiten dich, meine Liebe ist erfüllt mit diesen frohen

Gedanken, und was du mir gewesen bist, das bleibt mir für immer."

Der Ärger hat viele Formen und viele Ursachen, aber wie Horace Fletcher gezeigt hat, seine Wurzel hat er in der Furcht. Wir ärgern uns, weil wir uns fürchten vor etwas: vor einer Schädigung unseres Körpers oder unseres Vermögens, vor dem Verlust von irgendetwas Gutem, das wir bisher genossen haben, vor einer Schädigung unseres Rufes oder vor dem Verlust eines Freundes – alles durch irgendein unbedachtes Wort oder die Tat eines anderen. Wer sich selbst vertraut, wer furchtlos und ruhig ist, der wird nicht ärgerlich und wenn er dieselben Plackereien ertragen muss, wegen deren ein anderer des Tags ein Dutzend Mal „ganz außer sich ist!" Dieser Ausdruck ist übrigens eine treffende Beschreibung der Wirkungen des Ärgers: der geistige und körperliche Einklang all unserer Lebensvorgänge gerät „ganz außer sich" und es dauert lange, bis alle Saiten wieder richtig gestimmt sind und richtig schwingen.
Das Gegenmittel gegen den Ärger ist natürlich Selbstbeherrschung, und dazu helfen uns klares Denken und ruhiges Abwägen beim Urteilen über die Ereignisse und ihre Wirkungen.

Eine sehr häufige Veranlassung uns zu ärgern ist es, wenn wir ein Schimpfwort hören. Aber denke einmal ruhig darüber nach, was das eigentlich bedeutet, dann wirst du selbst urteilen, dass es einfach töricht ist, sich über so etwas zu ärgern. In Wirklichkeit ärgerst du dich auch nur deshalb, weil du fürchtest, es könnte jemand glauben, jenes Schimpfwort sei zutreffend für dich. Wenn du deiner und deines Rufes vollkommen sicher wärest, dann würde das Wort nicht mehr Eindruck auf dich machen als das Bellen eines Hundes oder ein Wort in einer fremden Sprache, das du gar nicht verstehst. Es hat ja auch gar keine wirkliche Wirkung – nur die, die du es selbst in deinem Geist tun lässt. An den Tatsachen ändert ein solches Wort nicht das Geringste. Das klügste Verhalten dagegen hat uns Mirabeau vorgemacht, als man ihm bei einer Rede in Marseille zurief: „Verleumder, Lügner, Mörder, Schuft!"

„Meine Herren", sagte er, „ich will so lange warten, bis dieser freundliche Vorrat erschöpft ist."

Auch der Ärger darüber, dass jemand etwas Schlechtes oder Falsches getan hat, bessert an der Sache selber gar nichts. Er stellt weder das Falsche richtig, noch verhindert er den Täter an einer Wiederholung dessen, was er getan hat. Viel eher würde ihn etwas Anderes dazu bringen: wenn man ihm nämlich ruhig sagte, was an seiner Tat falsch war. Deine eigene Energie aber könnte tausendmal nützlicher verwendet werden als zum Ärger. Was auch die Ursache des Ärgers sein mag: bei ruhiger Überlegung wird man immer einsehen, dass sie eigentlich unbedeutend war. Ein Beweis dafür ist die Tatsache, dass rasche Menschen gewöhnlich am nächsten Tag, wenn die Sache anders aussieht, um Entschuldigung für ihre Hitze bitten. Bemühe dich, dieses „Urteil von morgen" immer schon heute zu bilden, und die Anfälle deines Ärgers werden sich bis auf null vermindern.

Bemühe dich, möglichst gut von allen Menschen zu denken und bilde besonders den Gedanken der Liebe gegen alle, mit denen du in Berührung kommst, in dir aus – dann wird es dir bald geradezu schwerfallen, dich über jemand zu ärgern. Eifersucht und Hass verschwinden durch dieselbe Haltung der Liebe des Geistes. Welches auch die todbringende Gemütsbewegung sei, durch die du dein Glück zerstören und dein

Leben verkürzen lässt – das Heilmittel dagegen liegt in dir selbst, in deinem eigenen Denken und Handeln. Schon vor zweitausend Jahren hat Epikur dieses Heilmittel empfohlen: „Zähle die Tage, an denen du dich nicht geärgert hast. Ich ärgerte mich früher jeden Tag, dann nur jeden dritten, dann jeden vierten oder fünften Tag. Wenn du dreißig Tage lang aussetzen kannst, dann bringe den Göttern ein Dankopfer dar!"

Nur der **Mensch** ist ein Charakter, der *weiß, was er will,* der sich weder von LEIDENSCHAFTEN noch von STIMMUNGEN leiten lässt, sondern nach festen *Grundsätzen* handelt.

Treu

7. Die Herrschaft über unsere Stimmungen

Wenn es dir schwer wird im Leben, wenn dir alles verquer geht, wenn du von allen Seiten bedrängt bist, wenn der Himmel trübe wird und du kein Licht mehr siehst, dann ist die rechte Zeit, in der du zeigen kannst, aus welchem Holz du geschnitzt bist. Wenn etwas in dir ist, so bringt die Not es an den Tag. Nicht was ein Mann durch die Umstände gezwungenermaßen tut, sondern was er gegen sie tut, das ist der Maßstab für seine Fähigkeit.

Wenn du morgens beim Aufstehen in trüber und mutloser Stimmung bist, weil dir widerwärtige Dinge bevorstehen, dann nimm dir ganz fest vor, dass, komme was kommen mag, gerade dieser Tag in deiner Erinnerung einmal rot angestrichen sein soll. Dann wirst du statt des sonst vorauszusehenden Misserfolges und statt den Tag zu verlieren, unendlich mehr ausrichten, als wenn du jener Stimmung nachgegeben hättest.

Der Mensch ist von Natur träge, und wenn ihm etwas schwer wird, so ist die Versuchung sehr groß für ihn, entweder oberflächlich darüber hinweg oder bequem darum herum zu gehen. Aber das ist nicht die Art, wie man den Drachen tötet, der auf unserem Weg lauert und uns unser Glück rauben will. Schüttle nicht einfach ab, was dir obliegt und geh nicht um Hindernisse herum, sondern mitten durch! Packe den Drachen am Kopf und erwürge ihn! Frank C. Haddock sagt in seinem Buch „Die Macht des Willens": „Vor allem müssen Ärger, Reizbarkeit, Eifersucht, trübe Stimmungen, bittere Empfindungen, mürrische Gedanken und quälende Sorgen durch entschlossenes und herrisches Wollen für immer aus dem Geist vertrieben werden. Denn all diese Stimmungen sind schädliche Geister. Sie bringen nicht nur dem Geist Verwirrung, sondern sie schädigen auch den Körper, indem sie giftige und verderbliche Stoffe erzeugen und den richtigen Umlauf der Säfte hemmen. Die von ihnen erzeugten Gifte sind geradezu tödlich: sie zerstören die Zellen des Nervengewebes und rufen dauernde Zustände im Körper hervor, die das kräftige Wollen unmöglich machen. Sie lähmen die Hoffnungsfreudigkeit, machen die edlen Antriebe unseres Wollens machtlos und vermindern unsere geistige Spannkraft. Sie müssen aus dem Körper verbannt werden und man muss entschlossen sein, sie stets als Eindringlinge zu behandeln. Wir müssen sie ohne Mitleid erwürgen, erschlagen und für immer vernichten. Wer diese Leistung vollbringt, der wird empfinden, wie sein Wille stärker und stärker wird, bis er alles erreicht, was überhaupt erreichbar ist."

Wenn du mürrisch, trübsinnig oder niedergeschlagen bist, wenn du dir angewöhnt hast, über irgendetwas dich mit Sorgen zu quälen, oder wenn du sonst einen Fehler hast, der die volle Entwicklung deiner Fähigkeiten hemmt, dann wirst du das nicht dadurch loswerden, dass du nun darüber nachgrübelst. Nichts ist gewisser, als dass diese Stimmungen durch jede Pflege, die ihnen zuteil wird, sich verstärken.

Aber wenn der Kranke – denn es handelt sich hier um etwas wirklich Krankhaftes – versucht, den Lauf seiner Gedanken dadurch umzulenken, dass er sich irgendeine angenehme Erinnerung zurückruft oder dass er etwas Schönes in Natur oder Kunst betrachtet oder dass er ein gutes, erhebendes Buch liest, dann verschwinden die trüben Stimmungen bald, Sonnenschein verdrängt das Düster und Freude die Trauer. Frau Wiggs sagt: „Es gibt einen Weg, um dir zum Frohsinn zu verhelfen: wenn dir nicht wohl ist, so lächle; wenn dein

Kopf zerspringen will, dann denke an das Kopfweh von jemand anderem; wenn die Wolken so dicht sind, dass man meint, man könne sie schneiden, dann denke an den heiteren Sonnenschein."

Eine der frischesten und frohesten Frauen, die ich je gekannt habe, sagte mir, dass sie früher sehr zu trüben Stimmungen geneigt gewesen sei, aber dass sie diese dadurch besiegen lernte, dass sie ein frisches, fröhliches Lied sang oder ein lebhaftes Stück auf dem Klavier spielte, so oft sie merkte, dass ein solcher „Anfall" kommen wollte. Diese verdrängende Macht eines entgegengesetzten Gefühls wirkt unbedingt, wenn der neue Gedanke stärker ist als der alte. „Das einzige Mittel gegen Trägheit ist Arbeit", sagt Rutherford; „das einzige Mittel gegen Unglauben ist, die Zweifel abzuschütteln, indem man betet wie es heißt: Ich glaube, Herr, hilf meinem Unglauben; das einzige Mittel gegen Zaghaftigkeit ist, sich in irgendeine fruchtbare Aufgabe zu stürzen, so wie man kopfüber leichter ins kalte Wasser kommt als durch allmähliches Hineinsteigen."

Ebenso ist es das einzige Mittel gegen trübe Stimmungen, dass man frohe Stimmungen nötigenfalls absichtlich herbeiführt und Geist und Gedanken völlig damit erfüllt. Es bedarf einer starken Willensanstrengung, aber der einzige Weg, mit einem Fehler fertig zu werden, ist der, beständig an die entgegengesetzte Tugend zu denken und sie so lange auszuüben, bis sie durch Gewohnheit zum wirklichen Besitz wird. Verfolge genau den entgegengesetzten Gedanken von dem, der dich bedrückt, und halte ihn fest: das verwandelt deine Stimmung in ihr Gegenteil. Die Einbildungskraft ist ungemein stark, wenn es gilt, einen widerwärtigen Gedanken zu verändern. Wenn du das Opfer einer verkehrten Stimmung bist, so sprich zu dir selber: „All dies ist gar nicht wirklich, es hat nichts zu tun mit meinem höheren und besseren Selbst, denn der Schöpfer hatte gewiss nicht die Absicht, als er mich schuf, dass ich von solchen trüben Bildern beherrscht werden solle."

Rufe dir die schönsten Erinnerungen, die glücklichsten Tage zurück; denke beständig an angenehme Dinge, vertreibe die Gedanken an Misserfolg durch die Erinnerung an alle Erfolge, die du schon errungen hast. Halte frohe Gedanken fest, wenn dich Kummer bedrücken will, rufe die Hoffnung zu Hilfe und male dir eine frohe und ehrenvolle Zukunft aus. Umgib dich mit solchen glücklichen Gedanken nur für einige Minuten und du wirst überrascht sein, wie schnell all die Geister des Dunkels und der Trübe, alle Gedanken, die dich quälen und verfolgen, aus deinem Sinn schwinden. Sie können das Licht nicht ertragen. Licht, Freude, Glück und Einklang mit dir selbst sind deine besten Helfer: kein Missklang, keine Dunkelheit, keine Krankheit kann bestehen, wo sie walten.

In einem Abschnitt der „Sammlung der Geheimnisse" heißt es: „Unsere Sorgen vertragen nichts schlechter, als wenn man sie mit Verachtung oder Gleichgültigkeit straft. Wenn wir uns von ihnen lossagen und sie über wichtigeren Dingen vergessen, oder wenn wir ihre Unbedeutendheit verlachen, dann sinken sie beschämt ins Dunkel und verbergen ihre Häupter."

Solange wir unsere Stimmungen nicht beherrschen können, sind wir nicht imstande unser Bestes zu leisten. Kein Mensch, der unter der Herrschaft seiner Stimmungen steht, ist frei. Nur der ist frei, der zur Herrschaft gelangt diesen geistigen Feinden zum Trotz. Ein Mensch, der jeden Morgen erst seine Stimmung befragen muss, ob er heute auch sein Bestes leisten kann oder ob er nur mit einer unbedeutenden Aufgabe fertig wird, der erst sozusagen auf sein geistiges Wetterglas sehen muss, um festzustellen, ob sein Mut zu- oder abnimmt, der ist ein Sklave und Erfolg wie Glück sind für ihn unerreichbar.

Wie anders sieht der Mensch in die Welt, der jeden Morgen das Zutrauen zu sich selber hat, dass er heute eine tapfere Arbeit tun wird, die beste, die er überhaupt zu tun fähig ist und dass keine innere Stimmung und keine äußeren Umstände ihn daran hindern können. Wie stolz hält der sich, der keine Furcht, keinen Zweifel, keine Zaghaftigkeit kennt. Es ist freilich wahr, dass diese höchste Herrschaft über sich selbst, die eine ruhige, kraftvolle Seele über Millionen Sklaven der Stimmung hinaushebt, zu den letzten Errungenschaften der Bildung gehört, aber sie ist die Vorbedingung jedes großen Erfolges und sie ist bei richtig geleitetem Bemühen für jeden Menschen erreichbar.

Wenn wir das erreicht haben, dann brauchen wir nicht länger jene heiteren Geister zu beneiden, die uns einen so starken Eindruck von Macht, Ruhe und unerschütterlicher Sicherheit geben und ihrem Ziel zustreben, wie die Himmelskörper ihre Bahnen ziehen. Auch sie haben nur gelernt, richtige Gedanken zu fassen, ihre Stimmungen und dadurch Menschen und Umstände zu bezwingen – wir können ihnen gleichen, wenn wir nur wollen. Sich unter einem Druck von außen selbständig zu bilden und zu erziehen, das ist die beste Disziplin, die es in der Welt gibt. Du weißt, was das Richtige ist und was du tun sollst, auch wenn dein Sinn nicht danach steht, es zu tun. Dann ist es Zeit, dich selbst fest in die Hand zu nehmen und dich ohne Schwanken an deine Aufgabe zu halten, egal wie schwer und unangenehm sie dir vorkommt. Halte diese harte Disziplin Tag für Tag und Woche für Woche aufrecht und du lernst gar bald die Kunst aller Künste: die vollkommene Herrschaft über dich selbst.

Die **Welt** zahlt jedem Menschen mit der gleichen MÜNZE heim: lächelst du, so **lächelt sie** dir wieder zu: **runzelst du die Stirn**, so blickt sie dich **finster** an: singst du, so empfängt dich frohe Gesellschaft: denkst du, so sprechen **Denkende** zu dir: **liebst du** die Welt und suchst du ernstlich das Gute in ihr, so wirst du umgeben von liebevoller **Freundschaft,** und die Natur schüttet dir die **Schätze der Welt** in den Schoß.

Zimmermann

8. Nutzlose Schwarzseherei

Wenn man bedenkt, wie sehr man sich dadurch schadet, so wundert man sich, wie viele Menschen trotzdem sich geradezu ein Geschäft daraus machen, nach Dingen auszuschauen, um die sie sich sorgen können und wie sie diese Sorgen dann hegen und pflegen, ja ihnen geradezu nachlaufen. Und zu finden sind sie leicht: niemand sucht Sorgen ohne sie massenhaft zu finden. Denn man kann sich um alles und jedes sorgen, wenn man sich sorgen will. Auch bei anderen Dingen geht es so.

Man sagt, dass in der ersten Zeit der Besiedelung des Westens, in den Tagen des rauen Grenzerlebens, die Leute, die immer bis an die Zähne bewaffnet herumliefen, immerfort in schwierige Lagen gerieten, während andere, die gar keine Waffen trugen, sondern sich auf ihren gesunden Verstand, ihre Selbstbeherrschung, Gewandtheit und gute Laune verließen, selten irgendeine Schwierigkeit fanden. Was für den Mann in Waffen gleich zu einer Schießangelegenheit wurde, war für sie bloß ein Scherz.

Ganz so ist es mit den Menschen, die nach Sorgen suchen. Wie sie beständig düstere, schwarzseherische, niedergeschlagene und mutlose Gedanken hegen, so machen sie sich empfänglich für alles, was niederdrückt und verstört. Was für einen munteren Menschen eine bloße Kleinigkeit ist, über die er lacht, um sie sofort wieder zu vergessen, wird in ihrem Geist eine Sache von ungeheurer Wichtigkeit und ein Anlass für die düsteren und trübsten Gedanken. Die meisten Menschen, die „unglücklich" sind, sind das erst geworden, indem sie sich daran gewöhnten, über alles unglücklich zu sein und über alles zu klagen: übers Wetter, übers Essen, über allzu volle Wagen, über unangenehme Gesellschaft oder Arbeit. Die Gewohnheit zu klagen und zu tadeln, zu kritisieren und über Kleinigkeiten zu murren, ist eine der unseligsten, die man annehmen kann, besonders wenn das schon in der Jugend geschieht, denn nach kurzer Zeit wird man ihr Sklave. Alle Antriebe werden verkehrt, bis die Neigung zur Schwarzseherei, zum Pessimismus ständig wird.

Es gibt unter den Menschen, die nach Sorgen umschauen, wahre Künstler mit einer ganz einseitigen Fertigkeit. Tausende von Menschen suchen geradezu nach einer Krankheit. Sie halten sich zu Hause Gegenmittel gegen Malaria, gegen Erkältung und gegen jede mögliche Ansteckung und sind fest überzeugt, dass alle diese Leiden irgendeinmal bei ihnen auftreten werden.

Wenn sie eine Reise durch Amerika oder nach Europa machen, so führen sie eine ganze Apotheke mit, angefüllt mit Mitteln gegen jede erdenkliche Krankheit, die sie etwa bekommen könnten: und merkwürdig, gerade diesen Leuten geht es fortwährend nicht gut, erkälten sich unaufhörlich und stecken sich überall an. Andere dagegen, die an so etwas gar nicht denken, die immer das Beste hoffen, statt das Schlimmste zu fürchten, reisen durch die ganze Welt und haben überhaupt keine Arzneimittel bei sich: und an diese kommt fast nie etwas. Manche Leute sind immer auf der Ausschau nach Krankheiten, sie schnüffeln überall herum nach Kanalgas oder sonst verunreinigter Luft; der Ort, wo sie leben, muss ungesund sein, er liegt zu hoch oder zu tief, zu sehr in der Sonne oder zu sehr im Schatten. Wenn ihnen irgendeine Kleinigkeit fehlt, so sind sie ganz sicher, dass sie eine Krankheit haben. Natürlich bekommen sie auch wirklich Malaria, wo es nur irgend möglich ist, sie zu bekommen, weil sie es immerfort erwarten und in Gedanken schon vorausnehmen. Sie würden ja auch eigentlich enttäuscht sein, wenn's nicht so käme. In Wirklichkeit ist das einzige, was nicht in Ordnung ist, ihr eigener Geist. Wenn Malaria im Geist und Sumpfgas in Gedanken ist, dann werden sie auch bald im Körper sein, das ist dann nur eine Frage der Zeit. Manche unter diesen Krankheitssuchern haben immer ihren Magen in Gedanken vor sich, der ihnen wie der Mittelpunkt eines stürmischen Gebietes voller Unglücksfälle erscheint: sie haben richtige Karten für dieses Gebiet angefertigt, auf denen genau verzeichnet ist, „was ihnen bekommt" und „was ihnen nicht bekommt", und ihre einzige Hoffnung ist, eine neue schwerverdauliche Speise zu finden. Mit jedem Mundvoll Essen schlucken sie eine kleine Verdauungsstörung, denn sie sind fest überzeugt, dass alles, was sie essen, ihnen schadet. Der Verdachtsgedanke, der Furchtgedanke wirkt dann auch richtig auf die Verdauung ein, verändert den Magensaft oder stört seine Absonderung und dann ist die Krankheit da.

Wenn irgendwo in ihrer Gegend eine ansteckende Krankheit herrscht, so sind diese Krankheitssucher fest überzeugt, dass sie oder ihre Angehörigen sich anstecken. Wenn eines von den Kindern hustet oder etwas zu rote Backen hat, oder nicht recht isst – gleich sind sie sicher, dass die gefürchtete Krankheit ihr tödliches Werk begonnen hat. Der traurigste Fall ist der, wenn jemand an der Wahnvorstellung leidet, dass eine der Krankheiten, die man gewöhnlich für erblich ansieht, ihn einmal dahinraffen wird. Diese selbstgeschaffenen Opfer einer schwachen Lunge, eines schwachen Herzens oder Magens brüten immerfort über dem Gedanken der gefürchteten Krankheit, richten gewissermaßen all ihre Lebenspläne und Berechnungen auf sie ein und werfen so ihre düsteren Schatten über das ganze Leben der Familie. Alles, was solche Menschen brauchen, um gesund zu sein, ist ein besserer Zustand des Geistes, eine muntere, hoffnungsvolle Anschauung der Dinge und die Tätigkeit, die sich bei solchem Denken ganz von selbst einstellen würde. Diese Menschen werden das Opfer jedes Quacksalbers, sie fallen auf alle die Geheimmittelanzeigen herein, die uns in den Zeitungen so anwidern, und sie schlucken die vielen Hektoliter von dem Zeug, die offenbar verkauft werden, sie erlauben so manchem Modearzt sein üppiges Leben, sie machen sich und anderen das Leben zehnmal so elend, als es sein müsste. Ich wollte, ich hätte die Kraft, die Seelen dieser Menschen zu bewegen und sie so weit zu bringen, dass sie einsehen, wie sehr ihr Schicksal in ihrer eigenen Hand liegt, wie sie mit einer kraftvollen Willensanstrengung heilende, lebensspendende Gedanken festhalten, all ihr körperliches und geistiges Elend loswerden und ihr Leben zum vollen Ausdruck des Göttlichen gestalten könnten, das unser aller innerstes Wesen ist.

Manche Menschen klagen beständig, wie schlecht es ihnen gehe und wie arm sie seien. Sie gehen herum mit Gesichtern, in denen nichts als Unglück geschrieben steht; sie sind wandelnde Anschlagsäulen, auf denen ihre Misserfolge, ihre ganze kraft- und leblose Untätigkeit zu lesen ist; sie reden beständig und tun nie etwas. Ich kenne einen gesunden, energischen jungen Mann, der ein selbständiges Geschäft angefangen hat, aber eine ganz unselige Art besitzt, dieses Geschäft vor jedermann herabzusetzen. Wenn ihn jemand fragt, wie das Geschäft geht, so antwortet er: „Schlecht, schlecht, gar kein Geschäft, gar nichts los, grad genug zum Leben, kein Gewinn, ich wollt' ich wär's los, es war eine Dummheit, die Sache anzufangen, viel lieber hätte ich eine Anstellung mit festem Gehalt."

Er ist so daran gewöhnt, sein Geschäft herunterzusetzen, dass er, auch wenn es sehr gut geht, immer sagt, es gehe schlecht. Er strahlt einen förmlichen Dunstkreis von Mutlosigkeit aus und wirft mit entmutigenden Suggestionen nur so um sich; es wird mir geradezu übel, wenn ich zuhören muss, wie ein junger, vielversprechender Mann mit seinen Fähigkeiten sich seine eigenen Aussichten so verderben und seine eigene Tatkraft so lähmen kann. Eine solche Gewohnheit ist ganz besonders gefährlich bei einem, der Leute unter sich hat, denn sie steckt an und zerstört das Vertrauen seiner Angestellten auf ihn und auf die ganze Unternehmung, der sie dienen. Niemand arbeitet gern für einen Schwarzseher, dagegen gedeiht jeder in der Luft froher und hoffnungsvoller Anschauungen und tut in dieser Luft zehnmal mehr und bessere Arbeit, als in einem Dunstkreis von Mutlosigkeit und Hoffnungslosigkeit. Wer sein Geschäft heruntersetzt, kann unmöglich so gute Fortschritte machen, als wer meinetwegen zu gut davon denkt. Die Gewohnheit, alles herunterzusetzen, gibt dem Geist überhaupt einen verneinenden Zug und macht ihn zerstörend, anstatt bejahend und schaffend: aber das ist der Tod jeden Erfolges, es schafft eine Umgebung voller Missklang. Niemand kann im Leben aufwärts steigen, wenn es von ihm heißt: „Ihm schwärmen immer abwärts die Gedanken."

Die falsche Anwendung unserer Einbildungskraft ist einer unserer schlimmsten Feinde. Ich kenne Menschen, die beständig unglücklich und unzufrieden sind, bloß weil sie sich einbilden, sie würden zurückgesetzt und vernachlässigt oder man rede Übles von ihnen. Sie halten sich für die Zielscheibe aller möglichen Angriffe des Neides und der Eifersucht – aber in Wirklichkeit ist alles Einbildung und hat keinen Schatten von Grund. Ein solcher Geisteszustand ist ungefähr das schlimmste Unglück, in das wir geraten können. Jedes Glück wird vernichtet, jede Fähigkeit getötet, aller Einklang des Geistes zerstört und das Leben zur Hölle. Wer so denkt, der macht sich selbst für immer unglücklich, weil er sich mit einem von Pessimismus geradezu gesättigten Luftkreis umgibt. Er trägt beständig eine schwarze Brille und so sieht er natürlich alles um sich her in Trauerfarben, alles schwarz. Jede Musik des Lebens klingt ihm aus Moll, es gibt nichts Heiteres und Frohes für ihn auf der Welt. Diese Menschen haben so viel von Armut, Misserfolg, Unglück, Schicksal und schlechten Zeiten gesprochen, dass ihr ganzes Wesen mit Schwarzseherei getränkt ist. Jede Glücksfähigkeit ist bei ihnen infolge mangelnder Pflege erstorben: dafür ist ihr Trieb zur Schwarzseherei so übermäßig entwickelt, dass ihr Geist das natürliche, gesunde und frohe Gleichgewicht nicht mehr finden kann. Wohin sie kommen, bringen sie einen verdüsternden, verstimmenden und unbehaglichen Einfluss mit sich. Niemand unterhält sich gern mit ihnen, denn sie reden ja nur von ihren Unglücksgeschichten. Wenn man sie hört, so haben sie immer hart zu kämpfen, nie haben sie Geld und die Welt wird immer schlechter. Wenn das eine Zeitlang so fortgeht, so werden sie schwermütige Grillenfänger, man muss ihren Geisteszustand als krankhaft und teilweise nicht mehr im Gleichgewicht befindlich ansehen, und die Menschen fangen an, ihnen aus dem Weg zu gehen, wie einem fieberhauchenden Sumpf.

Es kann vorkommen, dass eine ganze Familie durch das Zusammenleben mit einem verbitterten, unzufriedenen Menschen angesteckt und ihr ganzes Glück vernichtet wird. Denn ein solchermaßen widerwärtiger Mensch lebt immer im Missklang mit seiner Umgebung, hat selbst keine Freude und verdirbt sie anderen so viel als möglich. Solche geistigen

Zustände machen nicht bloß empfänglich für Krankheit, sondern verhindern auch die Wirkung der gewöhnlichen Heilungsverfahren.

Georg C. Tenney schreibt aus seinen Erfahrungen in einer Heilanstalt: „Jemand helfen zu wollen, der mit Jedermann und mit Allem ‚auseinander' ist, ist gerade so schwierig wie jemand aus dem Wasser zu ziehen, der ertrinken will. Es gibt Leute, die ihre meiste Zeit damit zubringen, einer neuen Krankheit nachzujagen und geradezu glücklich sind, wenn sie sie endlich bekommen: sie dient ihnen dann als ein neuer Mühlstein, den sie sich zu ihren alten um den Hals hängen. Es gibt keine größere Gefahr für die Gesundheit, als wenn jemand beständig mit seinem Zustand und seiner Umgebung Krieg führt. Einem solchen Menschen Arznei zu geben oder ihn sonstwie ärztlich zu behandeln ist gerade wie wenn man Wasser in siedendes Öl gießt. Die Heilung ist die Wirkung einer göttlichen Kraft, und wenn man die gottgeordneten Heilmittel zur Wiederherstellung der Gesundheit anwenden will, dann ist unsere oberste Pflicht, ihrer Anwendung einen solchen Einklang des Gemüts entgegenzubringen, als ob der göttliche Meister selbst sie uns darbrächte. Eine gütige und weise Vorsehung arbeitet für uns und lenkt alles zu einem guten Ende. Zufriedenheit bedeutet die innere Übereinstimmung mit dieser Arbeit, gleichviel ob das, was geschieht, uns äußerlich angenehm ist oder nicht."

Dr. A. J. Sanderson sagt: „Es kommt nicht darauf an, was die Ursachen der Sorge in dem gequälten Geist sind: die üblen Wirkungen auf den Körper bleiben sich gleich. Alle seine Fähigkeiten werden geschwächt und entarten unter der beständigen Einwirkung eines niedergedrückten Gemütszustandes, und ganz besonders geschieht das, wenn ein Teil schon vorher durch irgendeine andere Ursache geschwächt ist. Aus dem Zusammenwirken dieser beiden Einflüsse entsteht in kürzester Zeit eine wirkliche Krankheit. Das größte Hindernis auf dem Weg der Heilungsvorgänge, besonders wenn die Krankheit noch mit Schmerzen verbunden ist, besteht in der geistigen Gedrücktheit, die damit zusammenhängt und die oft ein Stück der Krankheit selbst ist. Sie verhindert die Genesung oft viel stärker als die körperlichen Zustände und lähmt die wunderbare Heilkraft der Natur, die im Bewusstsein des Kranken liegt und für die Heilung so wesentlich ist."

Eine ganz besonders üble und widerwärtige Art, sich selbst zu schädigen, ist das Kritisieren, das beständige Hervorheben von Fehlern an anderen Menschen. Es gibt Leute, die können gar nicht großherzig und mild gegen andere sein: sie werden schlechter Laune, wenn man jemand in ihrer Gegenwart lobt, und kritisieren an allem herum, was sie sehen oder hören. Geh nicht so durchs Leben, dass du immerfort nach Üblem ausschaust, nach Fehlern bei anderen, nach Misserfolgen, nach dem, was krumm, hässlich und missgestaltet ist. Sieh nicht das Verkümmerte an den Menschen, sondern erblicke sie so, wie Gott sie geschaffen hat. Nimm dir so früh als möglich recht fest vor, niemals andere zu tadeln und zu verdammen und an ihren Fehlern und ihrem Tun herumzunörgeln. Das Kritisieren, die Neigung zu Spott und Hohn, das Herausfinden von Flecken an allem und jedem, das Ausschauen nach Dingen, die man verurteilen kann – das alles sind Gewohnheiten, die für dich selbst am allergefährlichsten sind. Sie sind wie ein giftiger Wurm, der an einer Rosenknospe oder einer Frucht nagt, und sie machen dein eigenes Leben bitter, unzufrieden und unglücklich. Es ist kein harmonisches und glückliches Leben möglich, wo diese schädliche Gewohnheit sich einmal eingenistet hat.

Wer immer darauf aus ist, irgendjemanden zu verurteilen, der zerstört allmählich seinen eigenen Charakter und schädigt geradezu seine körperliche und geistige Gesundheit. Jeder Mensch liebt sonnige, klare, frohe, hoffende Menschen, niemand liebt den ewig tadelnden Kritiker und den bissigen Verurteiler.

Die ganze Welt liebt Menschen wie Emerson und wendet sich ab von Menschen wie Nordau, denn man liebt den Mann, der auf langen Bestand seiner Sache und auf eine frohe Zukunft hofft, der den Menschen nicht das Schlimmste, sondern das Beste zutraut. Müßiger Schwätzer scharfe Zungen, Menschen, die ihren Launen freien Lauf lassen, können kaum einen Augenblick zufrieden sein und werden selbst von ihrer eigenen widerwärtigen Natur gequält: und da wundern sie sich noch, wenn andere Menschen ihr Leben genießen und sie selber so wenig von dem ihrigen haben.

Es ist genau ebenso leicht, durch das Leben zu gehen, den Blick auf das Gute und Schöne als auf das Hässliche gerichtet zu halten, auf das Edle als auf das Unedle, auf das Helle und Frohe als auf das Düstere und Trübe, auf das Hoffnungsvolle als auf das Hoffnungslose, auf die guten als auf die schlimmen Seiten der Dinge. Dein Antlitz immer der Sonne zuzuwenden ist ebenso leicht, als immer in den Schatten zu blicken. Aber gerade darauf beruht es, ob du dich zufrieden oder unzufrieden, glücklich oder elend fühlst und ob du im Leben vorankommst oder rückwärts gehst, ob dir's gelingt oder misslingt. Lerne also nach dem Licht zu blicken. Weise allen Schatten, alle Flecken, alles Missgestaltete und Misstönende entschlossen von dir. Halte dich an das Angenehme, das Wohltuende, das Begeisternde – dann wird deine ganze Art, die Welt anzuschauen, und dein ganzes inneres Wesen in kurzer Zeit sich aufs glücklichste umgestalten.

Viele Menschen glauben, sie würden glücklich, wenn ihre Umstände sich änderten, während in Wirklichkeit diese Umstände wenig oder nichts damit zu tun haben, wie einer aus seinem innersten Wesen heraus die Welt ansieht. Ich kenne Menschen, die ihre besten Freunde verloren haben, die ihr ganzes Leben scheinbar im Unglück waren, die immer zu kämpfen hatten und unheilbare Wunden in diesem Kampf davontrugen – und trotzdem haben sie das alles tapfer ertragen und sind heiter und hoffnungsvoll geblieben und waren ein Segen für alle, die sie kennen.

Wenn du dich immer unglücklich fühlst, immer über deine Zustände, dein hartes Los, deine Armut klagst, so vergiss nicht, dass Tausende glücklich wären, wenn sie in deine Lage kommen könnten. Hast du bisher die Gewohnheit gehabt, dein Geschäft, deine Umstände, deine Freunde und überhaupt alles herunterzusetzen, so kehre die ganze Sache um, sprich Gutes von allem und von jedermann und erfahre, wie bald deine veränderten Gedanken auch die ganze Luftschicht um dich verändern und deine ganzen Umstände verbessern. Ein kräftiger und bejahender Mann gestattet es sich gar nicht, verneinend zu reden und zu denken. Er sagt nie: „ich kann nicht", sondern immer: „ich kann"; er sagt nie: „ich will es versuchen", sondern: „ich werde es machen". Die Worte „ich kann nicht" haben mehr Hoffnungen, die man auf junge Menschen gesetzt hatte, zerstört als irgendetwas anderes. Denn die Gewohnheit des Verneinens und des Zweifelns zieht den Menschen herab und hält ihn drunten: er fesselt sich selbst mit Ketten der Knechtschaft und wird nicht eher frei, als bis er sein Denken, Reden und Handeln ins Bejahende umändert. Vollkommenes Vertrauen ist das Kind des Optimismus und der Harmonie. Der Dunstkreis des Pessimismus ist der Tod von allem Guten: der Tod der Gesundheit, des Geschäftserfolges, der Sittlichkeit.

Die Seele, die im richtigen Gleichgewicht steht, neigt nicht zum Verdacht und erwartet kein Unglück, sondern ihre Stimmung ist gerade umgekehrt. Sie weiß, dass Gesundheit und Harmonie Wirklichkeit sind, Krankheit und Missklang aber nur in der Abwesenheit des Gegenteils bestehen, gerade wie Dunkelheit kein für sich bestehendes Wesen ist, sondern nur in der Abwesenheit des Lichtes besteht. Halte dich selbst im Gleichgewicht und das Leben erscheint dir nicht bloß anders, sondern es wird anders.

Optimismus ist der Glaube, der zur **Erfüllung** hinführt:

ohne **Hoffnung** können wir **nichts** tun.

Helene Keller

9. Die Macht froher Gedanken

Charles Kingsley sagt: „Die Menschen, bei denen ich den größten Erfolg ihrer Tätigkeit in meinem Leben beobachtet habe, waren immer froh und hoffnungsvoll: sie gingen an ihre Arbeit mit einem Lächeln auf ihrem Gesicht, nahmen jede Veränderung und jeden Zufall dieses irdischen Lebens hin als Männer und trugen das Schwere wie das Leichte mit dem gleichen frohen Mute."

Der frohe Mensch hat eine schöpferische Kraft, die dem Schwarzseher fehlt. Es gibt nichts, das dem Leben so viel Süßigkeit gibt und so viel Bitterkeit nimmt, nichts, das alle Stöße, die der Lebenswagen auf rauer Straße erhält, so mildert, als eine sonnige, hoffnungsvolle Gemütsanlage. Die gleichen geistigen Fähigkeiten vorausgesetzt, hat der Frohe viel mehr Kraft als der Trübe. Froher Sinn wirkt auf den Geist wie ein Schmiermittel auf die Maschine: das Öl des Glücksgefühls hebt alle Reibung auf und die Maschine läuft bei dem Frohen nicht so schnell heiß und reibt sich nicht so schnell durch als bei dem Trübsinnigen, dessen Stimmung die richtige Einstellung verdirbt und das ganze Räderwerk in Unordnung bringt.

Dr. J. A. Sanderson sagt: „Für die Erhaltung oder Wiederherstellung der Gesundheit ist Frohsinn eines der wichtigsten Mittel. Seine Kraft, als Arznei zu wirken, ist nicht eine künstliche Reizung der Gewebe, auf die ein Rückschlag und ein umso stärkerer Verbrauch folgt, wie bei manchen Arzneimitteln, sondern seine Wirkung besteht in wirklicher Zufuhr von Lebenskraft und zwar auf den richtigen Bahnen und bis in die äußersten Teile des Körpers hinein. Er macht die Augen hell, die Wangen rot, den Schritt kräftig und regt alle lebenserhaltenden Kräfte an: das Blut kreist freier, der Sauerstoff dringt in alle Gewebe, die Gesundheit blüht und die Krankheit flieht."

Ein Landwirt in Alabama war lungenkrank und bekam vor acht oder zehn Jahren beim Pflügen einen Blutsturz: er verlor so viel Blut, dass sein Arzt ihm sagte, er müsse sterben. Er meinte aber, er sei noch nicht so weit und die Sache zog sich eine Weile hin, dann wurde er wenigstens wieder so kräftig, dass er sich im Bett aufsetzen konnte. Da begann er zu lachen, über alles zu lachen und blieb bei dieser Heiterkeit, auch wenn die Gesunden um ihn herum gar keinen Grund zum Lachen sahen. Dabei ging es ihm beständig besser und er wurde wieder gesund und kräftig. Er behauptet, wenn er nicht fortwährend gelacht hätte, wäre er jetzt tot.

Viele Menschen haben ihren kranken Körper durch eine ähnliche „Lachkur" wieder in Ordnung gebracht: an die Stelle von Sorgen, Befürchtungen und Klagen setzten sie Frohsinn. So oft jemand sich beklagt oder kritisiert, lässt er sich herbei, die Macht des Gegners über ihn anzuerkennen und macht sich das Leben selber unbehaglich und widerwärtig.

Das Mittel, wodurch man diese Feinde seines Glückes loswird, besteht darin, dass man ihr Dasein verneint und sie aus seinem Geist verbannt, da sie ja doch nur Einbildungen sind. Harmonie, Gesundheit, Schönheit, Erfolg – das ist Wirklichkeit, das Gegenteil besteht nur in der Abwesenheit des Wirklichen, hat also gar kein eigenes Sein. Ein großer Philosoph sagt: „Ich bemühe mich mit aller Kraft, mich durch nichts niederdrücken zu lassen und alles, was mir begegnet, von der besten Seite zu nehmen. Ich glaube fest, dass diese Handlungsweise Pflicht und das Gegenteil Sünde ist." Ebenso sagt John Lubbock: „Ich bin überzeugt, dass die Welt besser und froher wäre, wenn unsere Lehrer eben so viel von der Pflicht zum Glück als vom Glück der Pflicht reden wollten, denn sicherlich sollen wir so froh als möglich sein, schon allein deshalb, weil wir dann, wenn wir selbst glücklich sind, am meisten zum Glück der anderen beitragen."

Nichts hilft so viel zur Gesundheit und zum Glück als ein heiterer Sinn. Wenn der Geist im Gleichgewicht und heiter ist, so gehen alle Tätigkeiten wie von selbst, alles arbeitet, wie es soll, und der ganze Körper ist in Ordnung und gesund. Ein ruhiger, heiterer Geist bringt unendlich mehr fertig als ein verwirrter und missgestimmter. Was ein in heiterem Gleichgewicht ruhender Sinn tut, ist gesund und stark, Kraft und Natürlichkeit sind hier wirksam, wie niemals bei einem unruhig und einseitig nach dieser oder jener Seite sich neigenden Geist. Ruhige Heiterkeit kann niemals mit Unzufriedenheit, Ängstlichkeit und Übereifer zusammenwohnen; sie weilt nicht bei der Schuld, sondern nur bei dem guten Gewissen, nicht bei der Trägheit oder dem Laster, sondern bei der Ehrlichkeit und der Geradheit. Ein Mensch mit sonnigem Gemüt zieht sogar den geschäftlichen Erfolg an sich: jeder verhandelt gern mit angenehmen und frohen Leuten, während man sich ganz von selbst auch von dem fähigsten Menschen abwendet, wenn man ihn mürrisch, verstimmt oder widerwärtig findet. Lieber macht man ein kleineres Geschäft oder zahlt etwas höhere Preise, wenn man es dafür mit einem frohen Menschen zu tun hat. Die ganze geschäftliche Welt von heute ist zu ernsthaft, zu tödlich ernsthaft. Das amerikanische Leben ist das angespannteste, das die Weltgeschichte kennt. Jeder fühlt das Bedürfnis einer Erholung von dieser ungeheuren Spannung und eine sonnige, frohe Seele wirkt deshalb wie eine Seebrise im schwülen August, wie der Anbruch der Erholungszeit. Wir begrüßen sie freudig, weil sie uns wenigstens eine augenblickliche Erholung von der Anspannung bringt. Auf die Ankunft eines lustigen und munteren Geschäftsreisenden freut sich der Ladeninhaber auf dem Land schon Monate vorher, und das Haus, das ihn reisen lässt, verdankt seinem frohen Wesen einen größeren Gewinn. Ladendiener mit fröhlichem Gesicht und angenehmer Stimme verkaufen mehr Waren und ziehen mehr Kunden an als trübselige und widerwärtige. Wer ein großes Unternehmen zu gründen oder zu leiten hat, für den ist es geradezu eine Geschäftsfrage, dass er ein angenehmer Mensch ist, der widerstrebende Richtungen vereinigen und sich mit jedermann gut stellen kann. Ebenso hängt bei einem Zeitungsmann viel davon ab, dass er leicht mit jedermann gut Freund wird und so überall Einlass bekommt, Tatsachen herausbringt und Neuigkeiten erfährt. Alle Türen springen vor einem Menschen mit sonnigem Wesen auf und man nötigt ihn hereinzukommen, wo ein Mensch mit unangenehmen, bitterem, düsterem Wesen die Tür mit Gewalt aufbrechen muss. Und wie viele Geschäfte können ohne Höflichkeit, Frohsinn und Heiterkeit gar nicht bestehen. Wie manchmal kann ein Angestellter seine Stellung verbessern, sein Gehalt erhöhen oder Beförderung erlangen, wenn er immer froh und munter ist, und auf alle Fälle wird sein eigenes Leben dadurch sonnig.

Emory Bell erzählt uns einen Fall, wie ihr das geholfen hat. „Eines Morgens, als ich zur Arbeit ging, nachdem ich lange recht trübselig gestimmt gewesen war, nahm ich mir vor, die Kraft des frohen Denkens zu erproben. Ich sagte zu mir selber: Wie oft habe ich beobachtet, dass ein froher Gemütszustand eine ganz vorzügliche Wirkung auf mein körperliches Befinden hat: nun will ich einmal versuchen, ob und wie es auch auf andere wirkt; ich will einmal sehen, ob ich durch richtiges Denken andere beeinflussen kann. Ich war wirklich neugierig. Als ich nun durch die Straßen ging, immer fester entschlossen, das durchzuführen und mir selbst einredend, dass ich doch glücklich und dass jedermann gut gegen mich sei, da fühlte ich mich zu meiner Überraschung wie körperlich leichter geworden, meine Haltung war aufrechter als sonst, mein Schritt leichter, es kam mir vor, als ob ich schwebte. Ich lächelte, ohne es zu wissen und ertappte mich einige Male darüber. Ich sah die Gesichter der mir begegnenden Frauen an und sah da so viel Sorge und Trübsal, Unzufriedenheit und Vergrämtheit, dass mein Herz von Mitgefühl überfloss und ich sehnlich wünschte, ich könnte ihnen nur ein wenig von dem Sonnenschein mitteilen, der mich durchströmte. Im Geschäft angekommen, begrüßte ich die Buchhalterin mit einer lustigen Bemerkung, die ich unter anderen Umständen nicht um die Welt hätte machen können, denn ich bin gar nicht witzig von Natur: das setzte uns gleich von Anfang an für den ganzen Tag auf guten Fuß miteinander. Auf sie hatte es also gleich gewirkt. Der Geschäftsvorstand war ein vielbeschäftigter, sorgenvoller Mann, und eine Bemerkung, die er über meine Arbeit machte, würde mich unter anderen Umständen sehr verletzt haben, da ich leider ziemlich empfindlich bin; heute aber hatte ich mir vorgenommen, mich durch nichts aus der Stimmung bringen zu lassen und gab ihm eine muntere Antwort. Seine Stirn endrunzelte sich und auch mit ihm kam ich auf guten Fuß und so ging's den ganzen Tag fort: keine Wolke trübte seinen Glanz weder für mich noch für andere. In der freundlichen Familie, wo ich wohnte, ging es ebenso weiter; und während ich mich vorher dort fremd und ohne rechten Anschluss gefühlt hatte, fand ich nun Teilnahme und warme Freundschaft. Die Menschen kommen dir immer auf halbem Wege entgegen, wenn du dir nur die Mühe gibst, ihnen soweit nahe zu kommen. Wenn ihr also, meine lieben Schwestern, denkt, man behandle euch nicht gut genug, so zögert nicht lange, sondern sprecht zu euch selbst: Ich will jung bleiben trotz grauer Haare; wenn's auch nicht immer so kommt, wie ich möchte, ich will doch für andere leben und Sonnenschein für alle auf den Weg streuen. Dann werdet ihr sehen, wie um euch das Glück aufsprießt wie Blumen, ihr werdet nie Mangel an Gesellschaft oder an Freunden haben und der Friede Gottes wird in eurem Herzen wohnen."

Die Welt ist zu voll von Trübsinn und Sorge, Elend und Krankheit. Sie braucht mehr Sonnenschein, sie braucht frohe Menschen, die Glück ausstrahlen, Menschen, die die anderen erheben und nicht noch mehr niederdrücken, ihren Mut stärken und nicht noch mehr lähmen. Wer kann den Wert eines sonnigen Herzens abschätzen, das, wohin es kommt, Glück und Freude um sich her verbreitet! Jedes fühlt sich von einem frohen Gesicht und einem heitern Sinn angezogen und von einem düsteren, mürrischen, trübseligen Menschen abgestoßen. Wir beneiden die Menschen, die überall Frohsinn um sich verbreiten, denen das Glück, wie man sagt, aus allen Poren dringt. Geld, Haus- und Grundbesitz, alle Schätze sind wertlos im Vergleich mit dem Besitz einer solchen Natur. Diese Fähigkeit, Sonnenschein auszustrahlen, ist eine größere Macht als sogar Schönheit und geistige Bildung. Welche Schätze liegen in einer solchen Natur! Welch köstliche Erbschaft ist diese Fähigkeit, alles um sich her zu erhellen, alle Schatten zu zerstreuen, alle sorgenbeladenen Herzen zu erleichtern, jedem trüben Sinn Freude zu spenden. Und wenn diese Erbschaft gar einer sonst noch ausgezeichneten Persönlichkeit von vollendeter gesellschaftlicher Bildung zufällt – damit ist überhaupt Geld und Geldeswert nicht mehr zu vergleichen. Und dieser reiche Segen ist gar nicht schwer zu erlangen! Denn der Sonnenschein auf dem

Gesicht ist doch nur der Widerschein eines warmen, gütigen Herzens. Nicht auf dem Gesicht, sondern im Herzen muss die Sonne aufgehen: das frohe Lächeln, das ein Gesicht verschönert, ist nur ein Strahl der Sonne, die im Herzen scheint.

Diese unschätzbare Gabe erlangen wir, wenn wir warmherzigen Anteil an jedem Menschen nehmen, der uns begegnet, wenn wir den Versuch machen, durch die Schale des äußeren Menschen zu seinem inneren Kern hindurch zu dringen, und wenn wir allen Menschen wohlwollende Gefühle entgegenbringen. Nur die Entwicklung unserer eigenen besten Eigenschaften befähigt uns, an anderen das, was an ihnen gut und edel ist, zu verstehen und hervorzuziehen.

Nichts macht sich, um recht geschäftsmäßig zu reden, besser bezahlt als die Macht, andere behaglich, glücklich und zufrieden zu machen. Solche Menschen voll Sonnenschein vertreiben Schwermut, Trübsinn, Sorge und Angst bei allen, mit denen sie in Berührung kommen, wie die Sonne das Düster vertreibt. Wenn sie in ein Zimmer mit Menschen treten, wo die Unterhaltung stockt und jedermann gelangweilt erscheint, so verändern sie die Umgebung wie die Sonne, wenn sie nach einem Sturm durch dichte schwarze Wolken dringt.

Jedermann nimmt aus der frohen Seele des Eintretenden für sich etwas Frohes, die Zungen lösen sich, die stockende Unterhaltung kommt in Fluss und die Luft wird wie mit Schwingungen von Glück und Frohsinn erfüllt. Außer dem Dienst am Nächsten gibt es nichts in deinem Leben, was sich dir so gut bezahlt macht als die Pflege solchen Sonnenscheins in deinem Beruf oder Geschäft und in der Gesellschaft, mit der du verkehrst. Das Geschäft kommt zu dir, statt dass du es suchen musst, man wirbt um deine Freundschaft, die Gesellschaft öffnet dir gastlich ihre Türen. Ein froher Sinn als Naturanlage ist wie eine zinstragende Geldsumme und wirkt auf alle Güter des Lebens wie ein Magnet. Wenn du diese Anlage nicht mitbekommen hast, so musst und kannst du dich doch zwingen, an allen Menschen das Beste zu sehen, ihre guten Eigenschaften ausfindig zu machen und dich nur an diese zu halten. Sieh nicht die verzerrte, verkümmerte Gestalt, die aus so manchem Menschen geworden ist, sondern sieh den Menschen so, wie ihn Gott geschaffen hat.

Ruskin sagt: „Denke nicht fortwährend an deine Fehler, aber noch viel weniger an die Fehler anderer Menschen. In jedem Menschen, der dir begegnet, suche das Gute und Kraftvolle. Achte diese Eigenschaften, freue dich an ihnen, und soweit es möglich ist, suche sie an dir nachzubilden: dann fallen deine Fehler von selbst von dir ab wie welke Blätter im Herbst."

Wenn du den festen Vorsatz fasst, dass du niemals wieder unfreundlich über jemand urteilen willst, und wenn du gar nichts Gutes oder nicht die beste Seite an ihm siehst, lieber gar nichts sehen und gar nichts sagen willst, so wird das eine ganz wunderbare Veränderung in dein Leben bringen. Du wirst überrascht sein, wie bald von überall her dir Freude und Friede entgegen klingt. Wenn du mit Absicht an jedem Erlebnis immer nur die gute Seite siehst, so wirst du bald finden, dass die Welt dir wenig Sorgen mehr bringt und dass sogar dieses Wenige noch zu deinem Besten dient. Deine saure Miene, deine bitteren Reden werden von dir abfallen wie eine hässliche Maske, die dein wahres, gesundes, glückliches Selbst verdeckt hat und jeder Segen, den Menschen erleben können, wird auf dich herniederkommen.

Willst du dir ein gut Leben zimmern,
musst ums Vergangne dich nicht kümmern:
Und wäre dir auch was verloren,
erweise dich wie neu geboren.
Was jeder Tag will, sollst du fragen,
was jeder Tag will, wird er sagen,
musst dich am eignen Tun ergötzen,
was andre tun, das wirst du schätzen.
Das wenigste muss dich verdrießen,
musst stets die Gegenwart genießen,
besonders keinen Menschen hassen
und die Zukunft Gott überlassen.

Alle **Verneinungen** sollte man gänzlich auf **sich beruhen** lassen und **sich gar nicht um sie kümmern**, denn sie erinnern uns eben an einen **Geisteszustand**, den wir mit allen Mitteln vergessen wollten: und so oft wir einen Zustand oder eine Tatsache **mit** ausgesprochenen **Worten benennen,** erzeugen wir ihr geistiges Bild in unserm Innern.

Agnes Procter

10. Verneinung lähmt

Verneinungen schaffen niemals etwas Wirkliches. Im Verneinen ist kein Leben, sondern bloß Verschlechterung, Zerstörung und Tod. Das Verneinen ist der größte Feind des Erfolges. Wer immer alles herabsetzt, immer über schlechte Zeiten und Geschäfte, Krankheit und Armut klagt, der zieht alle zerstörenden und verneinenden Einflüsse an und arbeitet seinen eigenen Bemühungen entgegen.

Wer aufbauende Gedanken haben will, der macht sich los von Menschen mit zerstörenden Gedanken und Reden, denn er fühlt, dass er gar nichts Gemeinsames mit ihnen hat. In einem verneinenden und zerstörenden Luftkreis können aufbauende Gedanken nicht gedeihen und kann überhaupt nichts erreicht werden. Verneinende Menschen befinden sich deshalb immer auf der niedergehenden Linie und haben beständig Misserfolge, schließlich verlieren sie jede Kraft zur Bejahung und werden ein Spiel der Wellen wie ein steuerloses Schiff.

Wenn du dich der Verneinung hingibst, so macht sie all deine Bestrebungen zunichte. Sie vergiftet dein Leben, sie raubt dir alle Kraft, sie tötet dein ganzes Selbstvertrauen, bis du zum wehrlosen Opfer der äußeren Umstände wirst, deren Herr du sein solltest. Ob du es sein kannst, das hängt nur von deinem Glauben an deine eigene Kraft, nur von deinem Selbstvertrauen ab. Was du auch unternimmst, du wirst es erst dann vollbringen, wenn du überzeugt bist, dass du es kannst. Du wirst über nichts Meister, wenn du dich nicht vorher als Meister fühlst und die Tat in deinem Geist tust. Erst muss etwas gedacht werden, dann erst kann es gemacht werden. Der Erfolg muss im Geist fertig sein, ehe er es in der

Wirklichkeit werden kann. Keine Wissenschaft auf der ganzen Welt macht dich fähig, etwas an dich heranzuziehen, solange du es in Gedanken zurückstößt, solange Zweifel und Unsicherheit in deinem Geist wohnen. Niemand kann die Schranken überschreiten, die er selbst seiner Kraft setzt. Wer es in der Welt zu etwas bringen will, der muss lernen, den Gedanken an solche Schranken aufzugeben und jede verneinende Selbstbeeinflussung zu vernichten. Erst muss er den Erfolg denken, ehe er ihn erleben kann. Was er haben oder werden will, das muss er fortwährend entschlossen und kraftvoll bejahen.

Stelle dir vor, ein junger Mann wollte eines Morgens sagen: „Ich kann nicht aufstehen, ich kann's einfach nicht, was hilft's also, wenn ich's versuche?"
Sicher kann er wirklich so lange nicht aufstehen, als er denkt, dass er es nicht kann; er kann es erst dann wirklich, wenn er glaubt, dass er es kann. Wie kann aber nun derselbe junge Mann es zu etwas in der Welt bringen, wenn er immerfort zu sich sagt: „Ich kann das nicht, es hilft nichts, wenn ich's versuche, ich weiß, ich kann es nicht. Andere können's vielleicht; von mir weiß ich, dass ich's nicht kann?"

Der Schüler, der glaubt, dass er seine Schulaufgaben nicht lernen oder lösen kann, dass er die Abgangsprüfung nicht machen kann, der kann das alles auch wirklich nicht und nur zu bald wird er das Opfer seines „Ich kann nicht". Die Verneinung wird Herr über ihn, das „Ich kann nicht" ist ihm zur anderen Natur geworden, jede Selbstachtung, jedes Selbstvertrauen, jedes Bewusstsein eigenen Könnens ist vernichtet und zerstört. Seine Leistungen können eben nicht weiter reichen als seine Gedanken. Nun stelle ihm einen jungen Mann gegenüber, der immer sagt: „Ich will." Was auch die

Hindernisse sein mögen, die sich ihm entgegenstellen, er sagt: „Ich will tun, was ich mir vorgenommen habe."

Diese fortwährende Bejahung seines Entschlusses stärkt sein Selbstvertrauen und damit seine Kraft zur Ausführung so lange, bis er sein Ziel erreicht hat. Wenn ein Rechtsanwalt immerfort an die Heilkunde oder an den Maschinenbau denken wollte, so könnte er seinen Beruf nicht ausüben. Er muss an das Recht und an die Gesetze denken und sein Geist muss ganz von diesen Dingen erfüllt sein. Es wäre töricht, wenn jemand glaubte, dass er sich in irgendeinem Fach auszeichnen könne, während sein Geist beständig mit etwas ganz anderem beschäftigt ist. Ist es nun nicht mehr als töricht und geradezu lächerlich, wenn jemand glaubt, sein Geist könne stark und kraftvoll werden, während er beständig von Gedanken der Schwäche und der Mangelhaftigkeit erfüllt ist? Solange du beständig an irgendeinen von deinen Fehlern denkst, sei es ein geistiger, ein sittlicher oder ein körperlicher, so lange bleibst du unterhalb der Grenze deiner eigentlichen Leistungsfähigkeit und kannst dein höchstes und eigentliches Maß nicht erreichen. Solange du verneinende, zerstörende und herabziehende Gedanken in deinem Geist duldest, kannst du nichts schaffen und bleibst ein Weichling.

So viele Menschen gehen durchs Leben als geistige Krüppel, weil ihre Gedanken schwach, krank und verneinend sind. Es wäre doch gewiss töricht, wenn ein Mädchen sich die höchste geistige und körperliche Schönheit dadurch erwerben wollte, dass sie ihren Geist mit den hässlichsten Bildern erfüllt und sich selbst als hässlich vorstellt! Wenn sie schön sein will, so muss sie ein Idealbild von Schönheit in sich tragen und dem gleich zu werden streben, dann wird nicht bloß ihr Körper, sondern auch ihr Geist zu diesem Ideal sich empor entwickeln. Wenn sie aber mit dem Gedanken durchs Leben geht, dass sie hässlich und missgestaltet ist und das immerfort beklagt, dann wird die Schönheit nie zu ihr kommen. Wie traurig ist es doch, vielversprechende junge Männer oder Mädchen in ihrer Entwicklung dadurch aufgehalten und gehindert zu sehen, dass sie kränkliche und schwächliche Gedanken haben. Verbanne diese Gespenster, diese Unwirklichkeiten, diese Feinde deines Vorwärtskommens und Glückes, verbanne sie auf immer aus deinem Geist. Verlass das Tal der Niedergeschlagenheit und Verzweiflung, tritt heraus aus der giftigen Sumpfluft, die dich diese ganzen Jahre zu ersticken drohte und steige hinauf in die klare Luft der Vollkommenheit, Kraft und Schönheit – dann wirst du etwas im Leben erreichen, dann wirst du ein rechter Mensch werden.

Wenn man den Gedanken der Krankheit oder des Misserfolges beständig im Geist trägt, so übt er einen niederziehenden Einfluss auf alles Gesunde und Kräftige in uns aus, bis wir auf der untersten Stufe der Mittelmäßigkeit und Gewöhnlichkeit angekommen sind. Wenn das die Menschen einsähen, so würden sie sich nie wieder dazu herablassen, gleichsam ihre Wohnung im untersten Stockwerk ihres eigenen Wesens einzurichten. Wie kann ein Mensch frei, erfolgreich und glücklich sein, solange ihn der Gedanke fesselt und knechtet, er sei arm und unglücklich und könne niemals so viel erwerben als andere? Wo soll er die Kraft zum Kämpfen hernehmen, wenn er das Vertrauen zu seinen Fähigkeiten verloren hat und überzeugt ist, dass alle Gelegenheiten nur dazu da sind, um von anderen benützt und von ihm versäumt zu werden? Solange er diesen Gedanken der Unerreichbarkeit des Erfolges im Sinne hat, kann er nicht einmal kräftige und energische Anstrengungen machen, um sich aus diesem Zustand zu befreien: er glaubt ja gar nicht, dass er die

Schranken wegstoßen kann, die ihn umgeben. Er sieht keinen Weg vor sich, auf den sein Fuß treten und auf dem er sein Selbstvertrauen wiederfinden könnte. Er denkt Armut, er spricht Armut, er handelt Armut, er träumt Armut – und dann wundert er sich, dass er arm und unglücklich ist! Er hat sich selbst zu einem verkehrten Magneten gemacht: er stößt alles ab, was zum Erfolg führen könnte, und zieht alles an, was zum Misserfolg führt. Er hat die magnetische Kraft verloren, mit der er die Kräfte an sich heranziehen könnte, die ihn aus seiner kranken und todbringenden Umgebung befreien.

Wie viel Menschen schleppen sich durch trübselige Jahre selbstauferlegter Arbeitsunfähigkeit: sie können sich nicht zum Luftkreis der Gesundheit aufschwingen, weil sie immer das Denkbild der Krankheit in sich tragen. Die tiefgewurzelte Überzeugung, dass man an einer bestimmten Krankheit leidet, ist imstande, die wirkliche körperliche Krankheit hervorzubringen.

Die Überzeugung, dass du den Keim einer schrecklichen Krankheit, z. B. Krebs, geerbt hast, verbunden mit der Tatsache, dass dein Arzt dir gesagt hat, diese Krankheit zeige sich gewöhnlich nach dem vierzigsten Jahr, das zusammen bewirkt, dass du aufs gespannteste die Anzeichen der Krankheit erwartest, und ist imstande, ein ganz gewöhnliches Geschwür in Krebs zu verwandeln. Wenn ein junges Mädchen von wirklich zarter Gesundheit, leicht empfänglich für Erkältungen, von früher Kindheit an immerfort gehört hat, wie ungemein sie sich in acht nehmen müsse, weil sie sicher von ihrer an der Schwindsucht gestorbenen Mutter die Neigung zu dieser Krankheit geerbt habe, so prägt sich das düstere Bild der Krankheit und der furchtbaren Verheerungen, die sie im Körper anrichtet, der jungen Seele unzerstörbar ein und hindert sie an gesunder natürlicher Entwicklung wie an rascher Gegenwirkung des Körpers gegen schädliche Einflüsse. Sie verweilt beständig bei diesen trüben Gedanken, verliert die Esslust, ihre Verdauung wird gestört, die richtige Einverleibung der Nährstoffe wird gehindert, und sie magert infolgedessen ab.

Aber als wenn dies noch nicht genügte, das arme Opfer zu entmutigen und herunterzubringen, muss auch noch alle Welt ihr sagen, wie schlecht sie aussieht, wie mager sie wird. Wie oft heißt es: „Nimm dich ja in Acht, du weißt, deiner Mutter hat eine Erkältung den Tod gebracht, als sie sich einmal dem Zug aussetzte."
Sie bekommt Lebertran und andere stärkende Mittel, aber das ist ein schlechter Ersatz für das Abnehmen ihrer geistigen Widerstandskraft, die man ihr so grausam Stück für Stück geraubt hat, ein schlechter Ersatz für die Kraft der Selbstbehauptung, die Gott jedem Menschen verliehen hat. Man hat dem Kind das herrliche Gefühl geraubt, dass es im Arm des Allmächtigen geborgen, dass es nach Gottes Bild geschaffen und darum von Gott beschützt sei und dass ihm nichts schaden könne.

Wie manches junge Leben ist durch solche künstlich eingeimpfte Furcht und ihre niederdrückenden Wirkungen vergiftet worden. Welch ein trauriger Anblick, wenn man sieht, wie ein großer Teil der Menschheit von solchen schrecklichen Gedanken gequält wird und die furchtbare Last tragen muss, die in der Erwartung liegt, dass ein grausames Schicksal sie mit einer schrecklichen Krankheit gestraft hat. Es fehlt bloß noch, dass man diese Krankheit für die Folge der Sünden ihrer Vorfahren ausgibt! Das wäre ebenso gerecht, wie wenn man ein Kind ins Gefängnis oder zum Tode führte, weil sein Vater ein Räuber oder Mörder war. Je früher diese verdammenswerte Anschauung aus den Köpfen unserer Jugend vertrieben wird, desto besser. Ebenso richtig wäre es, zu sagen, die Sonne strahlt Schatten und die Liebe strahlt Hass aus. Ein solcher Glaube ist nicht bloß grausames Unrecht, sondern vollkommene Torheit: der Schöpfer zerstört unser Leben und unsere Aussichten nicht in solcher Weise. Diese furchtbaren Bilder sind mit menschlichem Pinsel gemalt, sie haben ihren Ursprung nicht in Gott. Was auch die Bedingungen unserer Abstammung sein mögen – das Unendliche gibt uns die Kraft, sie zu überwinden.

Bejahung ist das bewusste **Aussprechen**

einer **Wahrheit** mit dem Zweck,

sie zur **leitenden Kraft**

unseres **Lebens** zu machen.

11.   Bejahung macht stark

Nur der kann wirklich, der denkt, dass er kann! Die Welt macht nur dem Entschlossenen Platz, dem Mann, der der Schranken spottet, von denen andere sich aufhalten lassen. Wer „seinen Wagen an die Sterne anhängt", wie Emerson sagt, kommt eher ans Ziel, als wer einer Schnecke auf ihrer schleimigen Spur nachkriecht. Vertrauen ist der Vater des Erfolgs. Es stärkt alle Fähigkeiten, es verdoppelt die Energie, es vermehrt alle Kräfte des Geistes. Deine Gedanken können niemals über die Stärke deiner Überzeugung, über die Wucht deines Entschlusses, über die Kraft deines Vertrauens hinaus wirksam sein: sind diese schwach, so ist dein Gedanke schwach und deine Arbeit fruchtlos.

Manche Menschen bringen es nicht zu einer starken und tiefen Überzeugung: sie sind nur Oberfläche und werden durch die Ansichten jedes beliebigen Menschen bewegt. Wenn sie sich nach einer bestimmten Richtung entschließen, so ist ihr Entschluss so schwächlich, dass das erste Hindernis, auf das sie treffen, sie schon ablenkt. Sie sind jedem Gegner ausgeliefert, jedem, der nicht ihrer Ansicht ist: sie sind leicht zu beeinflussen und unzuverlässig, es fehlt ihnen die Entschlusskraft. Wozu ist aber ein Mensch zu brauchen, der diese Entschlusskraft nicht hat? Wenn alle seine Überzeugungen nur oberflächlich sind, so gilt er nirgends etwas und niemand vertraut ihm. Er mag persönlich das sein, was man einen guten Kerl nennt, aber diese Eigenschaft flößt niemand Zutrauen ein. Niemandem wird es einfallen, ihn zu rufen, wenn etwas Wichtiges auf dem Spiel steht. Wenn unsere Überzeugungen nicht ein Teil unseres Lebens werden, so bringen wir's zu nichts im Leben. Nur auf den Menschen kann man sich verlassen, dessen Überzeugungen in seinem tiefsten Lebenskern wurzeln und der stark und nachhaltig in seinen Entschlüssen ist. Nur er hat Einfluss und Gewicht, nur er ist erhaben über die Einflüsse anderer Menschen mit anderen, schwächeren Überzeugungen. Wenn junge Leute die Kraft der Bejahung kennen würden, die Kraft, die darin liegt, dass man in seinem Geist die Überzeugung trägt, man sei das schon, was man sein will, man könne das tun, was man tun will, so würde das ihrem Leben eine ganz neue Wendung geben: es würde sie über den größten Teil ihrer Sorgen und Krankheiten hinausheben und sie zu Höhen empor tragen, von denen sie jetzt kaum träumen.

Wir reden immer von der Kraft des Willens. Aber Wollen ist nur eine Form des Bejahens. Der Wille, der Entschluss etwas zu tun, ist dasselbe wie die Bejahung der Fähigkeit es zu tun. Niemand erreicht irgendetwas in dieser Welt, wenn er nicht in irgendeiner Form bejaht, dass er das ausführen kann, was er unternimmt. Es ist fast unmöglich, einen Menschen zurückzuhalten, der den festen Glauben an seine Sendung hat, der überzeugt ist, dass er das ausführen wird, was er vorhat, dass er allen Hindernissen gewachsen ist, die sich ihm in den Weg stellen, dass er seiner Umgebung überlegen ist. Die beständige Bejahung unserer Fähigkeit, eine Sache durchzuführen und unserer Entschlossenheit, es zu tun, trägt uns über alle Schwierigkeiten weg, lässt uns alle Hindernisse verachten und alle Unglücksfälle verlachen und gibt uns die Kraft zur Vollendung des Werkes. Unsere natürlichen Fähigkeiten und Kräfte werden dadurch stark und allen Aufgaben gewachsen. Beständige Bejahung stärkt den Mut und der Mut ist das Rückgrat des Vertrauens. Wenn ein Mensch in eine schlimme Lage gerät und sagt: „Ich muss durch, ich kann durch, ich will durch", so stärkt er nicht bloß seinen Mut und sein Selbstvertrauen, sondern schwächt auch alles ab, was in seinem Innern dem Sieg entgegenwirkt: denn was das Bejahende stärkt, schwächt das entsprechende Verneinende. Eine schwierige Aufgabe kannst du nur in einem bejahenden, niemals in einem verneinenden Geisteszustand vollbringen.

Die Fähigkeiten eines zum Herrschen berufenen Menschen sind alle bejahend, behauptend, angreifend und sie brauchen einen entsprechenden Zustand des Geistes als Boden für ihre Ausübung und Anwendung. Wer diese Eigenschaften nicht besitzt, der kann niemals eine leitende oder auch nur eine unabhängige Stellung einnehmen, er muss Nachfolger und Nachahmer eines anderen bleiben, bis er seine Gedanken aus verneinenden zu bejahenden, aus unsicheren zu sicheren, aus schwankenden und zurückweichenden zu behauptenden und vorwärtsschreitenden macht. Nur der Entschlossene und Bejahende gewinnt.

Wenn du es zu irgendetwas in der Welt bringen willst, so lass keinen Augenblick den Gedanken in deinen Geist kommen, du seiest unglücklich, du habest weniger Glück als irgendein anderes menschliches Wesen. Verneine diesen Gedanken mit aller Macht, die dir zu Gebot steht. Erziehe dich so, dass du in dir selbst niemals eine Schwäche anerkennst oder lange an geistige, körperliche oder sittliche Mängel denkst. Verneine, dass du ein Schwächling bist, dass du nicht könntest, was andere können, dass du im Hintertreffen stehest und mit einem geringeren Platz in der Welt vorliebnehmen müsstest. Erdrossle jeden Zweifel wie eine dein Leben bedrohende Schlange. Sprich, denke und schreibe niemals von deinem Geldmangel oder deiner üblen Lage. Wirf aus deinem Leben jeden Gedanken hinaus, der es hindert, schwächt oder verdüstert. Bejahe fortwährend, dass der

Schöpfer niemanden benachteiligt hat, dass alle unsere Schranken nur selbstgesetzte sind. Fass den Entschluss, ein Optimist zu bleiben, komme was kommen mag; glaube an den endlichen Sieg des Rechtes, den Sieg alles Wahren und Edlen. Bejahe, dass du eines der glücklichsten Geschöpfe bist. Wünsche dir selbst Glück, dass du gerade in der rechten Zeit und am rechten Ort geboren bist, dass du eine bestimmte Aufgabe hast, die niemand anders ausführen kann, dass du einer der glücklichsten Menschen in der Welt bist, weil du die Gelegenheit, die Gesundheit und die Bildung hast, gerade das auszuführen, was deine Aufgabe ist.

Hast du einmal keine Stelle und kein Geld, so treibe gerade dann jeden Gedanken an Mangel und Armut aus deinem Geist. Denke an Reichtum, an Überfluss, an alles Gute, das dein Schöpfer dir verheißen hat. Verneine energisch, dass du arm oder unglücklich oder traurig seiest; behaupte, du seiest glücklich, gesund, stark und kräftig, du müssest Erfolg haben – dann hast du Erfolg. Bejahe immer, dass der Schöpfer, der dir die Sehnsucht gab, etwas in der Welt zu sein und zu leisten, dir auch die Fähigkeit und die Möglichkeit gibt, dein Ziel zu erreichen. Wenn du deine Gedanken auf ein Ziel gerichtet hast, so muss alles an dir vom Erfolg zeugen. Dein Betragen, deine Kleidung, deine Haltung, deine Reden und Taten – alles soll vom Erreichen des Erfolges zeugen. Lass immer einen Luftkreis voll Erfolg um dich sein.

Eine ausgezeichnete Unterstützung findest du sicher in folgendem: Beginne jeden Tag frühmorgens damit, dass du deinen Geist auf Erfolg und auf Erreichung des Zieles richtest, indem du ihn mit glücklichen und harmonischen Gedanken erfüllst, mag das nun, wie manche anraten, in festen Formeln geschehen oder ohne solche. Dann wird es jedem

Missklang schwer werden, in dein Tagewerk Eingang zu finden. Wenn du geneigt bist, an deiner Fähigkeit für irgendetwas zu zweifeln, so übe dich, den Gedanken des Selbstvertrauens fest und dauernd zu hegen. Dieses Ergreifen der Kraft und des Selbstvertrauens, des Vertrauens auf deinen ganzen Menschen, das kann dir nicht genommen werden, das macht dich stark und lässt dich mit Kraft und Leichtigkeit ausführen, was du auch unternimmst. Du wirst bald sehen, wie das Festhalten solcher Gedanken deine ganze Lebensanschauung verändert. Du gehst an alle Aufgaben von einem ganz neuen Standpunkt aus heran und das Leben gewinnt ein ganz anderes Aussehen für dich. Diese beständige Bejahung setzt dich in Einklang mit deinen Umständen, sie macht dich zufrieden und glücklich und sie ist das beste Mittel, deine Gesundheit zu erhalten oder zu stärken. Sie hilft dir deine Persönlichkeit zu entwickeln und Persönlichkeitskräfte zu gewinnen. Sie macht deinen Geist klarer und deine Gedanken rascher, sie hält die Maschine deines Geistes rein und hilft dir dadurch zu kräftigen Gedanken und entschlossenem Handeln. Wenn es dir an irgendeiner Eigenschaft fehlt, so kannst du sie entwickeln und stärken durch beständige Bejahung. Wenn du in irgendeinem Winkel deines Herzens feige bist – und das sind die meisten – so kannst du deinen Mut dadurch stärken, indem du beständig bejahst, dass du vollkommen furchtlos und mutig bist und dass dir nichts geschehen kann. Überlege dir, dass die Furcht nur in der Einbildung einer Gefahr besteht, und wenn du vollkommenes Vertrauen in die Absichten des Schöpfers mit dir hast, dann gibt es nichts, was du zu fürchten hättest. Wenn du vollkommen davon überzeugt bist, dass nur eine Ursache und nur eine Absicht in der Welt herrscht, und dass alles, was ihr entgegenzustehen scheint, bloß Einbildung ist, dann wirst du allmählich jedes Gefühl der Furcht verlieren und den

Mut gewinnen, den du haben willst. So oft irgendeine Furcht über dich kommen will, so sprich: „Ich bin vollkommen furchtlos, es ist nichts zu fürchten da, Furcht ist gar nichts Wirkliches, sie besteht bloß in der Abwesenheit des Mutes und beruht nur auf der Unkenntnis der einen großen Ursache."

Emerson kannte die Macht dieser Gedanken, wenn er sagte: „Stärke dich durch fortwährende Bejahung. Belle nicht wie ein Hund das Schlechte an, sondern singe die Schönheit des Guten."

Sei fest entschlossen, nichts in deinem Geist als Gedanken zu haben, was du nicht in deinem Leben als Wirklichkeit haben möchtest. Alle schädlichen Gedanken, die dich niederdrücken und unglücklich machen, vermeide ganz ebenso von selber, wie du körperliche Gefahren vermeidest. Gib dich keinen zwiespältigen oder traurigen oder schwachen Gedanken hin, sondern setze frohe und hoffnungsvolle an ihre Stelle.

Wenn du dich entmutigt und niedergeschlagen fühlst, dann gewöhne dich, dir irgendetwas Angenehmes und Wohlgefälliges vorzustellen, daran zu denken und dabei zu verweilen, halte dich an irgendein Wort oder eine Vorstellung, die mit Freude und Glück verknüpft sind – und du wirst überrascht sein, wie schnell du den ganzen Gang deiner Gedanken ändern kannst: und wenn der geändert ist, so ändern sich die Gefühle von selbst. Dein Mut und dein Selbstvertrauen wird sich heben und du weißt: „Frisch gewagt ist halb gewonnen." Bald siehst du, wie deine Umstände ein anderes Aussehen annehmen, „Vernunft fängt wieder an zu sprechen und Hoffnung wieder an zu blüh'n." Das ganze Leben sieht auf einmal anders und besser aus. Dann schaffen deine Gedanken, statt dich niederzudrücken, eine beständige Stärkung deines Mutes, und bald kommt das Licht und vertreibt siegreich alle Düsternis.

Alles, was du dir erträumst, was du ersehnst, wird zu dir kommen, wenn du nur die Kraft hast, es stark genug zu bejahen, und wenn du deine Kräfte stark genug auf ein Ziel wie auf einen Brennpunkt konzentrierst. Dieses Sammeln aller Kräfte auf den Punkt, den du erreichen willst, zieht ihn zu dir heran. Bejahe beständig das, was du haben willst, halte es immer in deinen Gedanken fest, richte alle Kräfte deines Geistes gespannt darauf – und wenn dein Geist bejahend und schöpferisch genug ist, so kommt es zu dir so sicher als ein Stein zur Erde kommt, den du in der Luft loslässt, beide Mal durch die Kraft der Anziehung. Du kannst dich selbst zu einem Magneten machen, der das an sich zieht, was du haben willst.

Blicke in das **Antlitz deiner Brüder**,

in *deren Augen* bald

das milde Feuer der Güte strahlt,

bald die düstere Glut **des Zornes** glimmt:

fühle, wie **deine** vorher

bewegungslose Seele

sofort unwillkürlich vom selben Feuer

entbrennt und ihr **eure Flammen**

aufeinander spielen lasst, bis

alles zu einer **zusammenhängenden** *Glut*

wird, sei es der innigen Liebe oder

des tödlichen Hasses – und dann

frage noch, ob *wunderbare Kräfte*

von einem Menschen

zum **andern** überstrahlen!

Carlyle

12.   Gedanken strahlen aus wie Kräfte

Wenn unsere Gedanken mit der größten Kraft unser eigenes Leben beeinflussen, so ist ihre Kraft keineswegs mit dieser Wirkung erschöpft. Sie sind nicht in unseren Geist oder Körper eingeschlossen wie Gefangene. Kräfteschwanger, energiehaltig strahlen sie jeden Augenblick von uns aus und wirken je nachdem zum Wohl oder zum Wehe. „Jeder Gedanke, den der Genius oder die Frömmigkeit in die Welt wirft, verändert die Welt", sagt Emerson. Diesen Satz darf man nicht auf gedruckte oder von der Kanzel der Rednerbühne gesprochene Gedanken beschränken, nicht einmal auf ausgesprochene Gedanken überhaupt. Unsere geheimsten, unausgesprochenen Gedanken strahlen von uns aus und beeinflussen die Welt und die Menschen um uns.

Jeder Mensch hat einen Dunstkreis um sich, der ihm eigentümlich ist: dieser Dunstkreis ist erfüllt von allem, was ihm angehört, von seinem ganzen Wollen und Streben und ist durchaus bestimmt von den Gedanken, die seine Handlungen leiten. Der Eindruck, den ein Mensch auf alle macht, die ihm nahekommen, hängt mit diesem Dunstkreis zusammen: seine innerste Art teilt sich jeder seiner willkürlichen Handlungen mit. Das, wonach andere sich ihre Meinung von dir bilden, ist gar nicht in erster Linie das, was du zu ihnen sagst, sondern die allgemeine Richtung deiner Gedanken, die auf sie treffen. Schmeichle dir nur nicht, dass man dich nach dem beurteile, was dir beliebt, anderen über dich mitzuteilen. Nein, du machst auf andere genau den Eindruck, den dein ganzer Geist auf sie machen würde, wenn er offen vor ihnen läge. Das, was du in deinem Innersten denkst, gestaltet und verändert die Meinung, die andere von dir haben. Sie fühlen die Art deiner Gedanken, ob sie kräftig oder schwächlich sind, rein, erhaben und edel oder niedrig und gemein. Aus den stummen Ausstrahlungen, die von dir ausgehen, bestimmen sie das Wesen der Ideale, die du in dir trägst, und danach schätzen sie dich ein. Ja, diese Überzeugung, die sie aus deinem unausgesprochenen Eindruck gewinnen, halten sie vielleicht auch dann fest, wenn du sie mit ausgesprochenen Worten vom Gegenteil überzeugen willst, wie Emerson sagt: „Was du bist, das spricht so laut, dass ich gar nicht hören kann, was du sagst."

Der Kreis unserer Ausstrahlung muss selbstverständlich an allem teilhaben, was wir sind; wir können nichts ausstrahlen, als uns selbst. Was wir zu sein vorgeben, darauf kommt es gar nicht an: wer uns kennt, der sieht unser wirkliches Maß, nicht unser angebliches. Am besten können wir die Wirkung abschätzen, die wir auf andere machen, wenn wir untersuchen, wie andere auf uns wirken. Wir erkennen unsere wirklichen Freunde an den Gedanken, die von ihnen auf uns zu strahlen. Wir wissen, dass sie gegen uns gütige und großherzige Empfindungen hegen, was auch immer wir für Fehler begangen haben; diese strahlen sich beständig in unser Bewusstsein ein. Es macht gar nichts aus, wie freundlich, wie liebenswürdig oder wie überlegt ein Mensch sich gegen uns beträgt: wenn er feindliche oder schlechte Gedanken gegen uns hegt, wenn er etwas gegen uns hat, wenn er nur überhaupt in Wirklichkeit anders ist, als er zu sein vorgibt, so durchdringt unser innerstes Gefühl diese Maske und enthüllt uns sein wahres Sein, und während er noch glaubt, uns täuschen zu können, fühlen wir schon sein wahres Wesen. Wie oft hört man jemand sagen: „Ich kann diesen Menschen schlechterdings nicht ertragen, mir graut geradezu vor ihm." Und doch hat vielleicht der, von dem das gesagt wird, alles Mögliche getan, um einen guten Eindruck zu machen und hat die Überzeugung, dass es ihm gelungen ist. Zu Hause und im Geschäft, in jedem Lebensverhältnis spielt diese Ausstrahlung der Gedanken eine große Rolle: und deshalb kann keine Mühe zu groß sein, um diese Strahlungswirkung immer wohltätig und erhebend zu machen.

Wie viel Unheil können wir an einem einzigen Tag anrichten, indem wir hier einen düsteren Schatten auf ein helles Leben werfen, dort Frohsinn ersticken, hier eine Hoffnung vernichten, dort ein Streben töten – mehr Unheil, als wir in einem ganzen Jahr wieder gutmachen können! Wie würden wir erschrecken, wenn wir in einem lebendigen Bilde all die Zerstörungen vor uns sähen, an denen wir unser Leben hindurch mit unseren bösen Gedanken schuldig geworden sind. Hier ein Stich, dort ein Schlag, grausamer bösartiger Hohn, bitterer Spott, unfreundliches Urteil, Gedanken der Eifersucht oder des Neides, Hass, Zorn, rachsüchtige Gedanken – all diese Strahlen gehen von so manchem Geist aus und vollführen ihre tödliche Sendung.

Ein mürrischer, düsterer, verdrießlicher Mensch strahlt seinen Pessimismus überallhin aus, wohin er kommt, und vergiftet die ganze Luft um sich her, indem er sie mit schweren, niederdrückenden, trüben Gedanken erfüllt. Erfolg und Glück können in solcher Luft nicht gedeihen, Hoffnung in ihr nicht leben, Freude in ihr nicht weilen. Kein Kind kann in ihr glücklich sein. Jedes Lachen wird in ihr unterdrückt, das süßeste und froheste Gesicht wird trübe. Wir fühlen, dass das Leben unerträglich würde, wenn wir in ihr unaufhörlich verweilen müssten. Welche Erlösung, wenn ein solcher

Mensch uns von seiner niederdrückenden Gegenwart befreit! Manche Menschen haben die Wirkung auf uns, dass wir uns in ihrer Gegenwart gemein und verächtlich vorkommen. Sie rufen Gemeines in uns wach, von dem wir nie gewusst haben, dass es in uns liegt, und bringen uns fast dazu, uns selbst zu verachten. In der Ehe werden oft widerwärtige Eigenschaften sichtbar, die weder der Mann noch die Frau früher in sich vermutet haben. Von anderen Menschen geht eine Art von Pestluft aus, die alles vergiftet, was in ihren Bereich kommt. Ganz gleich, wie gütig und großherzig vorher unsere Empfindungen waren: wenn diese Menschen in unsere Nähe kommen, so schrumpfen wir gleichsam inwendig zusammen und weder Empfänglichkeit noch Selbsttätigkeit ist uns möglich, bis sie uns verlassen haben. Wie eine gestörte Muschel schließen wir uns so dicht als möglich zu, bis wir fühlen, dass die Gefahr vorüber ist. Wir sind nicht mehr wir selbst und können es nicht sein, solange solche Menschen uns nahe sind. Wir versuchen vielleicht mit ihnen auf einen guten Fuß zu kommen, aber es bleibt immer etwas Erzwungenes, wir können uns nicht wohl fühlen bei ihnen. Wir fühlen uns geradezu krank, bis sie weggegangen sind: dann empfinden wir, wie wenn eine schwere Last von uns genommen würde, und sind erst wieder wir selbst.

Andere Menschen dagegen wirken auf uns wie eine kräftigende Arznei oder wie eine stärkende und erfrischende Brise. Wir fühlen uns wie neugeboren in ihrer Nähe: sie regen unser Denken an, sie schärfen all unsere Fähigkeiten und unsere Überlegung, sie öffnen die Schleusen unserer Worte und unserer Gefühle und erwecken alles, was in uns von einem Dichter schlummert. Diese entgegengesetzten Wirkungen rühren von den Ausstrahlungen der Persönlichkeit her und auch wir lassen solche fortwährend auf die anderen ausgehen. Wir strahlen aus, was wir fühlen und glauben, unsere wechselnden Stimmungen so gut als unsere tiefgewurzelten Überzeugungen. Das, woran wir am meisten denken und wonach wir am stärksten trachten, strahlen wir auf andere in jedem Brief und jeder Unterhaltung, in unserem Betragen und in unserem ganzen Leben aus. Der Geist wirkt wie eine ansteckende Krankheit, und wer mit uns in Berührung kommt, empfindet diese Wirkung oder unterliegt ihr gar.

Ist der Geist im Einklang und Frieden mit sich selbst, ist er stark und gesund, so strahlen wir Gesundheit, Friede und Einklang aus, wo immer wir wandeln. Wenn du dagegen von Zweifeln umhergetrieben, wenn du mutlos und niedergedrückt bist, so teilst du diese mutlosen Gedanken anderen mit. Wie kann ein Geist, der immerfort mit Selbsterniedrigung, Misstrauen und Furcht erfüllt ist, die Zuversicht ausstrahlen, die man braucht, um von anderen Vertrauen und Beistand zu bekommen?

Wenn du niedrige und verächtliche Gedanken hegst, wenn du die Gedanken der Rache, der Eifersucht, des Neides in dir beherbergst, so strahlst du sie auf andere über. Bist du selbstsüchtig, so kann es gar nicht anders sein, als dass du Selbstsucht ausstrahlst: jeder Mensch in deiner Umgebung fühlt deine niedrige Gesinnung und schätzt dich demgemäß ein. Bist du ein Geizhals, ein Nimmersatt, einer der alles haben will, so kommst du um den Eindruck, den diese Eigenschaften machen, nicht herum, sondern du musst die Strafe dafür bezahlen in der Wirkung, die du unbewusst auf deine Umgebung ausübst. Du kannst nicht Großherzigkeit ausstrahlen, wenn du voller niedriger und kleinlicher Gedanken bist. Wenn dein Geist so beschaffen ist, dass er alles Schöne im Leben verkleinert und herabsetzt, dass er überall widerspricht und Hindernisse bereitet, so kannst du unmöglich den Eindruck entgegengesetzter Eigenschaften machen. Wenn du erkältende und zerstörende Gedanken hegst, so strahlst du auch solche aus. Was du erstrebst und ersehnst, das bestimmt die Art deiner Ausstrahlung: sei es nun die Begierde nach Geld oder Ehre, oder der Trieb, anderen wohlzutun und zu helfen.

Wenn wir so jedes Mal nur die Gedanken auf andere wirken lassen können, die wir im Augenblick hegen, wie wichtig ist es da, Herr über diese Gedanken zu bleiben und sie rein, wahr und kraftvoll zu machen und nicht unrein, befleckend und schwächlich. Es ist schon oft vorgekommen, dass Dienstboten dadurch wirklich unredlich wurden, weil man sie beständig im Verdacht hatte, unredlich zu sein. Ein solcher Gedanke, den von Natur argwöhnische Menschen so leicht und lange hegen, hat vielleicht in dem Dienstboten den Gedanken an Unredlichkeit zum ersten Mal geweckt: und wenn er nun lange und beständig lebendig bleibt, so schlägt er in seinem Herzen Wurzeln, wächst sich aus und trägt die Frucht wirklichen Diebstahls. Es ist einfach grausam, jemand in irgendeinem Verdacht zu haben, solange man nicht vollgültige Beweise dafür hat. Der Geist dieses anderen muss dir heilig sein: du hast kein Recht, ihn mit deinen niedrigen Gedanken und Bildern anzutasten und anzustecken. Du musst deine schlechten Gedanken für dich behalten – aber da dies ihrer unwillkürlichen Ausstrahlung wegen unmöglich ist, so darfst du sie gar nicht in deinem Geist verweilen lassen, so wenig als Gedanken an eigene böse Taten.

Mancher Mensch ist für Jahre unglücklich, niedergedrückt und verzweifelt geworden, weil lieblose und üble Gedanken anderer auf ihn so schlimm eingewirkt haben. Viele Menschen verbreiten Gedanken der Furcht, des Zweifels, des Misserfolgs um sich, wo sie gehen und stehen, und diese Gedanken siedeln sich dann in einem anderen Geist an, der ohne diesen Einfluss von ihnen frei und deshalb glücklich, vertrauensvoll und erfolgreich geblieben wäre. Darüber darfst du ganz sicher sein: wenn du gegen einen anderen Menschen üble, krankhafte Gedanken voller Missstimmung hast, dann ist in deinem Geist etwas nicht in Ordnung. Du solltest dir zurufen: „Halt! Kehrt!" Kehre dein Gesicht der Sonne zu und beschließe bei dir selbst, wenn du schon nichts Gutes in der Welt tun kannst, wenigstens nicht Gift auszustreuen, das Gift des Übelwollens und des Hasses. Hege immer und gegen jeden Menschen Gedanken der Güte, des Wohlwollens, der Großmut, der Liebe, dann wirst du niemand niederbeugen und lähmen und nicht Trübsinn, Düster und Mutlosigkeit um dich verbreiten, sondern Frohsinn, Hilfe und Ermutigung. Gehöre zu denen, die immer Gedanken des Erfolges, der Gesundheit, der Freude, der Aufrichtung und Hilfe ausstrahlen und überall Sonnenschein um sich verbreiten. Das sind die Menschen, die der Welt nützen, fremde Lasten leichter machen, die Stöße des Lebens mildern, die Verwundete verbinden und die Gesunkenen und Mutlosen aufrichten.

Lerne, wie man Freude ausstrahlt, nicht geizig und schäbig, sondern freigebig und großartig. Hast du nicht den Spruch in deiner Jugend gelernt: „Freuet euch, und abermals sage ich, freuet euch! Eure Lindigkeit lasset kund sein allen Menschen."

Verbreite ohne Scheu überall um dich her Freude: zu Hause, auf der Straße, in der Straßenbahn, im Geschäft, überall wie die Rose ihre Schönheit scheinen lässt und ihren Duft um sich her verbreitet. Wenn die Welt erst lernt, dass Gedanken der Liebe wirklich heilende Wirkungen ausüben und Balsam auf die Wunden legen, dass Gedanken der Schönheit, des Einklangs und der Wahrheit immer erhebend, verschönernd und veredelnd wirken, dass das Gegenteil Tod, Zerstörung und Vernichtung mit sich bringt – dann hat sie das wahre Geheimnis des rechten Lebens gelernt.

Wer sein **Selbst**

zu behaupten wagt, der kann

ruhig erwarten,

wie *das Schicksal* alle

seine Wünsche

ERFÜLLT.

Helene Wilmans

13.   Wie der Gedanke
den Erfolg nach sich zieht

Wenn man einen starken Mann hypnotisiert und ihm die Überzeugung beibringt, dass er nicht von seinem Stuhl aufstehen kann, so ist er tatsächlich nicht imstande, das zu tun, bis der Bann aufgehoben ist. Wenn eine schwache Frau von Energie erfüllt wird durch die drängende Notwendigkeit, ein Leben zu retten, so kann sie einen Menschen, der schwerer ist als sie selbst, aus dem Feuer oder dem Wasser tragen. In beiden Fällen bedingt die Haltung des Geistes und nicht die Kraft des Körpers den Erfolg, obwohl beide bloß Muskelarbeit leisten.

Wenn nun eine vor uns liegende Aufgabe größtenteils oder ganz aus geistigen Leistungen besteht, wie es meistens der Fall ist, wenn es gilt, irgendeinen Erfolg zu erreichen, wie viel größer muss da der Einfluss des Gedankens und der Haltung des Geistes sein! Die großen Eroberer, sei es auf dem Schlachtfeld oder auf dem Feld der Arbeit oder im Reich der Sittlichkeit, haben ihre Siege durch die Haltung des Geistes gewonnen, mit der sie an ihr Werk gingen. Ich wollte, man könnte unserer Jugend einen rechten Eindruck davon geben, wie ungeheuer die Gewalt ist, die das rechte Denken zur Erziehung jedes Erfolges besitzt. Die Erkenntnis, dass uns die Kraft zu großen Dingen angeboren ist, die Überzeugung, dass wir zum Sieg über die Welt bestimmt sind und dass es eine Sünde ist, wenn wir die Absichten des Schöpfers durch unsere Niederlage durchkreuzen − das würde unsere ganze Stellung zum Leben von Grund auf ändern und fast alle Übel und Wirren aus der Welt schaffen.

Der Glaube an hemmende Schranken und die Überzeugung, dass wir uns nicht über die Umstände zu erheben vermögen, sondern ihre willenlosen Opfer bleiben müssen, schwächen unsere Fähigkeit etwas zu erreichen und auszuführen derartig, dass wir tausend traurige Misserfolge erleiden und sind schuld an einem großen Teil der Armut und des Elendes der Menschheit. Ein solcher Glaube ist unnatürlich und hat unnatürliche Folgen.

Zur Herrschaft ist der Mensch geboren, aber oft hat er stattdessen Schwäche und Beschränkung sich als sein Los gewählt. Statt Reichtum, Glück und Freiheit hat er Armut, Elend und Knechtschaft erwählt – und wie kann ein Mensch sich aus dem Unglück erheben, solange er noch nicht einmal davon überzeugt ist, dass er es kann? Gibt es irgendeine Wissenschaft, die einen Menschen in den Stand setzt zu können, solange er denkt, er könne nicht? Gibt es eine Philosophie, durch die ein Mensch sich erheben kann, solange er nicht emporblickt? Gibt es einen Weg, auf dem ein Mensch zum Erfolg schreiten kann, solange er Misserfolg denkt, spricht und lebt?

Kein Mensch kann gleichzeitig nach zwei entgegengesetzten Richtungen gehen: es gibt keine Gewissheit neben dem Zweifel. Ehe du nicht aus deinem Lebenswörterbuch die Worte „Schicksal", „Ich kann nicht" und „Zweifel" ausstreichst, kommst du niemals in die Höhe. Du kannst nicht stark werden, solange du von der Überzeugung erfüllt bist, dass du schwach seist, und du kannst nicht glücklich sein, solange du immerfort bei dem Gedanken verweilst, wie unglücklich du bist. Wer sich einbildete, er werde gesund und stark, wenn er fortwährend an seine Krankheit denkt und von ihr spricht, wenn er beständig wiederholt, er könne niemals kräftig werden, der wäre nicht törichter als ein

Mensch, der glaubt, seine Leistungskraft werde stark und lebendig, solange er beständig zweifelt, ob er denn auch leisten könne, was er unternehmen will. Nichts schwächt den Geist dermaßen, nichts macht ihn so unfähig etwas zu vollenden, als das fortwährende Eingeständnis der eigenen Schwäche oder der Zweifel an der eigenen Leistungsfähigkeit.

Die große Mehrzahl aller der Menschen, die einen Misserfolg erleben, haben damit angefangen, Zweifel in ihre Fähigkeit zu setzen, ob sie die Sache auch ausführen werden. In dem Augenblick, wo ein junger Mann, der eben seine Laufbahn beginnt, einem solchen Zweifel in seinem Geist Raum gewährt, lässt er einen Feind in sein Lager ein, einen Kundschafter, der ihn verraten wird. Der Zweifel gehört schon zur Familie des Misserfolgs, und wenn er einmal Zutritt gefunden hat und nicht wieder weggeschickt wird, so führt er noch mehr Mitglieder dieser Familie ein, als da sind: Herr „Nimm's leicht", Herr „Mach dir's bequem", Herr „Hör auf, wenn's schwer wird", Herr „Wart's ab" und ähnliche Gesindel. Wenn dieses Gelichter sich einmal in deinem Geist eingenistet hat, dann nehmen sie noch sieben andere ähnliche böse Geister zu sich und dann ade Ehrgeiz, ade Streben! All deine Sehnsucht nach Glück und Erfolg ist umsonst, solange du diese Gesellschaft von Faulenzern, Pechvögeln und Unglücksraben beherbergst: sie brauchen alle deine Energie auf und zerstören jede Kraft, die in dir wohnt und den Erfolg anziehen könnte. Du bist in dem Augenblick verloren, in welchem du deine Schwäche eingestehst und deine Niederlage zugibst. Für den Mann, der seine Kraft verloren und den Kampf aufgegeben hat, ist keine Hoffnung mehr vorhanden: du kannst nichts mehr mit ihm anfangen. Wenn es etwas Erbärmliches in der Welt gibt, so ist es ein Mensch, der die Waffen niederlegt, der seine Sache aufgibt, der sagt: „Ich kann nicht mehr", „Es hat keinen Wert mehr", „Die Welt ist gegen mich", „Ich bin nun einmal im Unglück".

Wenn du fortwährend denkst, du seist unterlegen, du könnest nicht mehr aufstehen, du könnest nicht mehr gewinnen, so geschieht das, was du denkst, nur umso sicherer und jeder andere Ausgang wird immer unmöglicher. Wie kannst du erwarten, dass du Glück hast, wenn du immer sagst, du habest kein Glück? Solange du dich für einen armen, elenden Wurm im Staub hältst, so lange bist du auch einer. Du kannst nicht mehr sein, als du dich dir vorstellst. Wenn du wirklich glaubst, du seiest unglücklich und elend, dann wirst du es auch. Es gibt keine Arznei in der Welt, die dich von dieser Krankheit heilen könnte, solange deine Gedanken sich nicht ändern.

Eine Änderung deiner Gedanken dagegen bringt eine Änderung deines körperlichen Zustandes mit sich, so sicher als der Regen die Blütenblätter einer Rosenknospe entfaltet. Da ist nicht das geringste Geheimnis dabei: es geht alles ganz natürlich zu und kann vollkommen wissenschaftlich erklärt werden.

Menschen, die große Dinge tun, sind vor allem stark im Bejahen. Sie haben eine ungeheure Bejahungskraft, sie wissen gar nicht, was Verneinen heißt. Ihre Kraft sich zu behaupten und ihre Überzeugung von ihrer Leistungsfähigkeit sind so groß, dass die Möglichkeit des Gegenteils sie gar nicht anficht. Wenn sie sich zu etwas entschließen, so sind sie überzeugt, dass sie es auch ausführen können. Sie sind völlig frei von Zweifel und Furcht, wie auch andere spotten und sie tollkühn nennen mögen. Sind doch fast alle großen

Menschen, die dem Fortschritt eine Gasse gebrochen haben, tollkühn gescholten worden. Wir verdanken den Segen unserer heutigen Zustände dem großartigen Selbstvertrauen solcher Menschen, ihrem unaufhaltsamen und unerschütterlichen Glauben an ihre Sendung. Die Geschichte aller großen Fortschrittsbewegungen liegt im Leben dieser Menschen begründet. Was wäre geworden, wenn Kopernikus und Galilei ihre Sache aufgegeben hätten, weil man sie tollkühn und wahnsinnig schalt? Die heutige Wissenschaft ruht auf der Grundlage ihres unerschütterlichen Glaubens, dass die Erde sich um die Sonne dreht und nicht umgekehrt. Was wäre geworden, wenn Kolumbus sein Unternehmen aufgegeben und den Glauben an sich selbst verloren hätte, weil Europa über seine Tollkühnheit lachte? Oder wenn Cyrus W. Field nach einem Jahrzehnt voll vergeblicher Versuche, das Weltmeer mit einer Drahtleitung zu überbrücken, die Sache aufgegeben hätte, weil Kabel auf Kabel im Meer gerissen war? Er hätte ja auf die Stimmen seiner Verwandten hören können, die ihn warnten, er werfe sein Vermögen weg und werde arm sterben? Oder wenn Fulton sein Unternehmen aufgegeben hätte, weil damals ein Buch erschien, in dem der Beweis geführt war, kein Dampfschiff könne so viel Kohlen an Bord nehmen, um die ganze Fahrt übers Meer damit zu machen? Er erlebte es noch, dass eine Ladung dieses Buches von einem Dampfschiff übers Meer befördert wurde! Oder wenn Alexander Graham Bell sein Selbstvertrauen verloren hätte, nachdem er seinen letzten Dollar bei seinen Versuchen mit dem Telefon eingesetzt hatte? Auch ihn nannte die Welt tollkühn. Als Savonarola nach Florenz kam, ein armer, unbekannter Priester, und das große Elend sah, das durch unsinnige Üppigkeit und Geldgier über die Stadt gebracht worden war, da fasste er sofort den Entschluss, dass er das ganze

Leben der Stadt verändern und veredeln wolle. Tausendmal versuchte man ihn zu bestechen, aber das berührte ihn
gar nicht: ohne Wanken behielt er sein Ziel im Auge. Er
fand Lorenzo von Medici auf der Höhe seiner Macht und
den weltlich gesinnten Alexander VI. als Oberhaupt der Kirche im Bunde mit den Reichen und Mächtigen. Aber nichts
entmutigte den kühnen Erneuerer der Kirche: als einziger
kämpfte er gegen eine überwältigende Mehrzahl in dem
unerschütterlichen Glauben, dass das Gute siegen müsse –
und er erreichte den Sturz der Gewaltherrschaft der Medi-
cäer und die Aufrichtung der von ihm ersehnten Staatsord-
nung, in der „die Gerechtigkeit die Herrschaft führte". Savonarola starb als Blutzeuge, aber sein Ideal erhob sich
über die gemeine Wirklichkeit und war eines der mächtigs-
ten Mittel für die Erneuerung der Kirche durch Luther.

Als Wolfe vor einem Ausschuss des Parlaments erschien
und man ihm ankündigte, er sei zum Führer der Engländer
in Kanada ausersehen, da richtete man die Frage an ihn,
ob er glaube, dass er imstande sei, den Krieg zu beendi-
gen. Er zog seinen Degen, schwang ihn durch den Saal,
schlug damit auf den Tisch und benahm sich so prahlerisch
und eingebildet, dass der Ausschuss seine Wahl bedauer-
te. Aber als Wolfe seine Scharen auf die Ebene von Abra-
hams führte, da war es eben dieses Selbstvertrauen, das
ihn befähigte, das französische Heer unter Montcalm zu
vernichten. Napoleon, Bismarck, Viktor Hugo und andere
große Männer hatten einen so ungeheuren Glauben an sich
selbst, dass sie den Widerwillen und sogar den Spott der
Menschen erregten; aber diese Eigenschaft gehört ganz
wesentlich dazu, um irgendeinen Erfolg zu erreichen.
Wie könnten wir uns sonst den Erfolg von Männern wie Luther, Wesley, Savonarola erklären? Wie hätte ohne diesen

großartigen Glauben an ihre Sendung das zarte Dorfmädchen Johanna, die Jungfrau von Orleans, ein französisches Heer führen und befehligen können, als ob es aus folgsamen Kindern bestände? Dieses göttliche Selbstvertrauen vertausendfachte ihre Kraft, bis sogar der König sich vor ihr beugte. Als unser Volk vom Bürgerkrieg bedroht war, da sagte der äußerlich so bescheidene und anspruchslose Lincoln zu einigen Politikern: wenn man ihn zum Präsidenten vorschlage, so werde er die Wahl annehmen und er fühle sich fähig, den Staat zu leiten. Man denke, ein solches Selbstvertrauen bei einem Mann, der in einer Zimmermannshütte geboren war und fast keine Erziehung und Bildung erhalten hatte! Und man denke an das großartige Selbstvertrauen Grants, der zwei Jahre vorher ein unbekannter Kaufmann gewesen war, den außerhalb seiner kleinen Stadt fast kein Mensch kannte: der sagte zu Lincoln, er fühle sich fähig den Bürgerkrieg zu beenden. Und er beendete ihn, obwohl er von der öffentlichen Meinung so stark verurteilt wurde, als nur je ein Mann verurteilt worden ist. Wo wären die Vereinigten Staaten heute, wenn Lincoln und Grant ihr Selbstvertrauen verloren hätten, weil die Zeitungen sie heruntermachten? Die Heerführer, die Grants Vorgänger gewesen waren, hatten keinen solchen schrankenlosen Glauben an ihre eigenen Fähigkeiten besessen, als er. Er war der unbedingte Herr der Lage, weil in seinem Selbstvertrauen kein Fragezeichen zu finden war. Er wusste, dass er den Feind besiegen werde, wenn er nur die Soldaten und die Gelegenheit habe. Die anderen, die immer mehr oder weniger Zweifel an sich selber hegten, gewannen höchstens Teilsiege.

Unerschütterliches Vertrauen und fester Glaube sind schaffende Kräfte, während Misstrauen und Schwanken geradezu zerstörend wirken. Starker Glaube an sich selbst vernichtet allen Zweifel, alle Unsicherheit, alles was den Geist von einer Sache abzieht, und stärkt so die Kraft zur Sammlung aller Geisteskräfte auf einen Punkt: dadurch wird ein stetiges Vorwärtsschreiten in derselben Richtung, ohne Ablenkung und Zerstreuung der Energie, möglich. Entdecker und Erfinder, Reformatoren und Heerführer – diese alle haben den Geist unbesiegbarer Bejahung. Wenn wir uns dagegen die Menschen, denen etwas misslungen ist, genau ansehen, so finden wir fast immer, dass ihr Glaube an sich selbst schwach war und dass ihnen jenes starke Selbstvertrauen fehlte, das allen erfolgreichen Menschen eigen ist.

Wir können die versiegelten Befehle nicht lesen, die der Schöpfer den Menschen in die Hand gegeben hat, die zu großen Dingen bestimmt sind: aber die Tatsache, dass ein Mensch einen unbesieglichen Glauben an sich selbst hat, ist schon ein genügender Beweis dafür, dass er imstande ist, das auszuführen, was er ausführen will. Der Schöpfer täuscht uns nicht mit einer derartigen Überzeugung, dass uns etwas möglich sei, ohne uns auch die Fähigkeit dazu zu verleihen.

Lass dir von niemanden, auch nicht von dir selbst, dein Selbstvertrauen rauben, denn dies ist die Grundlage für jeden Erfolg. Wenn du das verloren hast, bricht alles zusammen: solange du es noch hast, so lange ist noch Hoffnung da. Selbstvertrauen, grenzenloser unerschütterlicher Glaube an dich selbst, manchmal bis zur Waghalsigkeit gehend – das ist unbedingtes Erfordernis für jede große Unternehmung. Dieses Selbstvertrauen lässt auch Menschen mit geringeren Fähigkeiten große Dinge erreichen, weil es die größten Feinde jedes Erfolges, Furcht, Zweifel und Unsicherheit ausschaltet. Der Geist kann nicht kraftvoll handeln, solange Zweifel in ihm ist. Schwanken im Geist erzeugt Schwanken im Handeln. Sicherheit muss da sein, sonst ist kein Wirken möglich. Ein Mensch ohne Bildung, der aber Glauben an sich selber hat, der sich zutraut, dass er die Sache durchführen kann, beschämt oft einen Gelehrten, den Überbildung und weiter Blick empfänglich und empfindlich für alle möglichen Einflüsse gemacht und um sein Selbstvertrauen gebracht haben und dessen Entschlusskraft geschwächt ist, weil er fortwährend entgegengesetzte Anschauungen gegeneinander abwägt. Aber ein ungebildeter Mensch mit großem Selbstvertrauen und kraftvoll lebendiger Selbstbehauptung besitzt jene feine Empfindung nicht, dafür leidet er auch nicht unter zu starker Empfindlichkeit des Geistes. Seine Denkkraft ist nicht durch allerlei Erwägungen darüber geschwächt, was man alles bedenken müsse und wie viel ihm selbst noch fehle. Er stürzt sich kopfüber in eine Sache, bei der ein gründlich unterrichteter Mensch sich ernstlich bedenkt. Diese Schwächung des Selbstvertrauens und die dadurch hervorgerufene Entwicklung einer gewissen Zaghaftigkeit sind oft die unwillkommene Wirkung einer tieferen Bildung.

Ich habe junge Männer gekannt, die in die höheren Schulen eintraten mit unbegrenztem Selbstvertrauen und größtem Glauben an ihre künftigen Leistungen; als sie aber die Hochschule verließen, waren diese Eigenschaften fast ganz verschwunden und an ihre Stelle war allmählich Zaghaftigkeit getreten, sowie eine Scheu, einen Tatbestand einfach hinzustellen und einen festen Entschluss zu fassen. Die Folge war, dass die Kraft zum Handeln bei ihnen sehr stark verkümmerte.

Große Gelehrte sind sprichwörtlich zaghafte und zurückhaltende Naturen, denen die Kraft zum Handeln oft völlig fehlt. Ihre Selbstbehauptung ist verschwunden, dafür sind sie voll Selbstbescheidung. Anspruchslose Demut, Geduld, Duldsamkeit – das sind gewiss äußerst schätzbare Eigenschaften, wenn man sie am rechten Ort zeigt: aber es ist ein Unglück sie zu haben, wenn über ihnen nicht starker Glaube an sich selbst und kräftige Selbstbehauptung lebendig ist. Jene liebenswürdigen Eigenschaften machen den Gelehrten zu einem angenehmen Gesellschafter, aber sie machen ihn unpraktisch und ungeschickt zum Handeln. Die Fähigkeit zum Handeln und zum Kämpfen muss dem Menschen unter allen Umständen unverkümmert erhalten bleiben, sonst wird er es im Leben und in der Welt zu nichts bringen, denn leben heißt kämpfen, wie der Dichter an der Pforte des Paradieses sagt: Nicht so vieles Federlesen! Lasst mich immer nur herein: Denn ich bin ein Mensch gewesen, und das heißt ein Kämpfer sein.

Das Schicksal bezwingst du durch Gedanken. Wenn du Unglücksgedanken über Menschen und Einrichtungen hegst, so brauchst du keine Waffe anzurühren. Die Folgen kommen von selbst und unvermeidlich.

Carlyle

14. Die Macht des sich selbst Vertrauenden über andere

Dass wir in einer Sache Erfolg haben, hängt nicht bloß davon ab, ob wir sie ernstlich bejahen und uns zutrauen, dass wir sie durchführen können, sondern sehr viel auch davon, ob andere uns das zutrauen. Aber dieses Zutrauen der anderen zu uns ist zum großen Teil nur der Widerschein unseres eigenen Selbstvertrauens und beruht auf der Wirkung, die unsere Persönlichkeit ausübt. Unsere eigene geistige Haltung ist also das Mittel, um das Zutrauen der anderen zu uns zu erzeugen.

Diese energische Bejahung wirkt ansteckend: sie beeinflusst jeden, mit dem du in Berührung kommst, ganz besonders solche Menschen, die du irgend leiten willst, als Lehrer, als Redner, als Anwalt, als Verkäufer, als Kaufmann oder als einer, der eine Anstellung sucht. Es liegt etwas geradezu Zauberhaftes in der Art, wie eine selbstvertrauende Haltung andere Menschen beeinflusst.

Wenn du dir diese Haltung erwerben und aneignen kannst, dann wirst du überrascht sein, wie rasch sie auf andere ausstrahlt und bewirkt, dass sie zu deiner Fähigkeit, eine unternommene Sache durchzuführen, das stärkste Zutrauen fassen. Darauf beruht es, dass einer in den Ruf kommt, etwas leisten zu können, darauf beruht es auch, dass einer Kredit besitzt. Die Menschen, die dieses Zutrauen zu sich selbst besitzen, sind von starkem bejahendem Charakter. Wer das Gefühl hat, in irgendeiner Sache Meister zu sein und sie zu beherrschen, bei dem wirkt alles, was er spricht und was er tut, wie eine Ausstrahlung von Vertrauen und

Glauben. Wenn irgendjemand an ihm zweifeln wollte, so wird der Zweifler selbst angesteckt von dieser beständigen Bejahung und Selbstzuversicht, und er nimmt diese als Beweis der Fähigkeit und der Sicherheit. Die Menschen glauben gerne an jemand, der mit einem festen Plan vor sie hintritt, der weiß was er will, der niemals schwankt, sondern gleich zur Sache geht. Und es scheint, als ob alles auf seiner Seite stehe: Leute, die einem Menschen mit schwachem Selbstbewusstsein sofort Widerspruch entgegensetzen würden, sind für seine Pläne gleich eingenommen; Dinge, die einen Menschen mit schwachem Selbstvertrauen entmutigen würden, scheinen für ihn Mittel zur Vollendung seiner Absichten zu werden. Es liegt im Wesen der Menschen, dass sie einem anderen auf dem Weg weiterhelfen, den dieser geht: geht er aufwärts, so wird die Welt ihn schieben, geht er abwärts, so gibt sie ihm noch einen Tritt, hat einer kein Zutrauen zu sich selbst, so hat niemand Zutrauen zu ihm.

Wir können gar nicht anders, als einen Menschen bewundern, der Zutrauen zu sich selber besitzt. Man kann ihn nicht niederlachen, niederreden oder niederschreiben. Kein Geldmangel entmutigt ihn, kein Misslingen schreckt ihn, keine Schwierigkeit bringt ihn auch nur um Haaresbreite aus seiner Richtung. Komme, was kommen mag, er schreitet vorwärts, sein Auge fest aufs Ziel gerichtet. Ich kenne einen solchen Mann. Alles was er unternimmt, das setzt er durch und hat schon merkwürdige Erfolge erzielt dadurch, dass er niemals zaudert oder schwankt und niemals im Geringsten daran zweifelt, dass er seine Sache durchführt. Sein Selbstvertrauen grenzt manchmal dicht an Selbstsucht und stößt manche Menschen ab – aber sogar die geben ihm nach. Während andere Leute, die aus feinerem Stoff gemacht sind, noch darüber streiten, ob etwas möglich oder tunlich sei und zweifeln und zögern, tut er es schon. Ein derartiger Mensch zwingt auch seine Gegner, an seine Fähigkeit zu glauben, sogar wenn sie triftige Gründe haben, daran zu zweifeln. Mit Fähigkeiten, die den Durchschnitt nicht übersteigen, aber mit solch siegreichem Selbstvertrauen verbunden sind, stellt man viel mehr vor in der Welt und leistet auch wirklich mehr, als mit außerordentlichen Fähigkeiten, die aber mit dem zaghaften und zögernden Wesen verbunden sind, das sie so oft begleitet.

Ein Lehrer, der recht wenig gelernt hat, leistet oft viel mehr in seinem Fach als ein anderer, der zehnmal so viel weiß, aber es nicht von sich geben oder seine Meisterschaft nicht zeigen kann. Das ist freilich keine poetische Gerechtigkeit und es erscheint uns oft höchst ungerecht, aber es ist der Lauf der Welt und es gibt ja ein einfaches Mittel dagegen: wer wirkliche Fähigkeiten besitzt, der erwerbe sich das nötige Selbstvertrauen, das dann seinen Eindruck auf die anderen nicht verfehlen wird.

Bei jeder Arbeit und jedem Geschäft hängen wir davon ab, dass andere glauben, wir können Pläne machen oder ausführen, bessere Waren herstellen, eine Schar von Arbeitern oder Angestellten leiten, oder irgendeines von den tausend Dingen tun, die ein Unternehmer oder die Öffentlichkeit getan haben wollen. Das Leben ist zu kurz und die Welt ist zu sehr beschäftigt, um jedes Mal genau zu untersuchen, wie weit jemand vorbereitet und befähigt ist, das auszuführen, zu dem er sich anbietet; deshalb nimmt man durchschnittlich die Einschätzung an, die ein Mann von sich selbst macht, und zwar so lange, bis er das Vertrauen täuscht.

Wenn ein junger Mann sein Schild aushängt, er habe sich als Anwalt da und da aufgetan, so nimmt man einfach als bewiesen an, dass er ein Kenner des Rechtes ist und dass er imstande ist, diesen Beruf auszuüben, solang er nicht das Gegenteil beweist. Ein Arzt muss in Amerika nicht jedem einzelnen Kranken erst beweisen, dass er einen bestimmten Lehrgang durchgemacht und bestimmte Prüfungen bestanden hat. Wer sich also irgendeine Unfähigkeit merken lässt oder einem augenblicklichen Zweifel Raum gibt, der heftet den Misserfolg an seine Fersen. Wir dürfen unser Selbstvertrauen keinen Augenblick ins Schwanken kommen lassen, ganz gleich, wie dunkel auch der Weg vor uns liegt.

Nichts zerstört das Zutrauen anderer zu uns so rasch, als der Zweifel in unserem eigenen Innern, den die anderen sofort spüren. Viele Menschen haben nur deshalb keinen Erfolg, weil sie ihre Mutlosigkeit ausstrahlen und in den Geist ihrer Umgebung hineinsenken. Wenn du Untergebene hast, so können die dir ganz leicht sagen, ob du zu deinem Tagwerk kommst als ein Sieger, voll Vertrauen auf das Gelingen deiner Sache, oder als ein Geschlagener voller Zweifel und Verzweiflung. Sie können dir sagen, ob du an diesem Tag gewinnen oder verlieren wirst, und zwar lesen sie das aus deinem Gesicht und aus der Art, wie du handelst.

Bei keinem anderen Geschäft ist das Mitteilen des Selbstvertrauens an andere wichtiger als beim Verkaufen, seist du nun Vertreter, Reisender oder Ladendiener. Menschen, die das Verkaufen beherrschen, benutzen bei all diesen Formen des Verkaufs eine Art von Hypnotismus oder geistiger Beeinflussung. Der Verkäufer kann einen unentschiedenen Käufer – und die meisten Käufer sind unentschieden

– dadurch zu einer Entscheidung bringen, dass er seine eigene Anschauung geschickt darlegt, dass er die Dinge, die zur Auswahl vorliegen, allmählich bis auf zwei ausscheidet, dass er scheinbar annimmt, die Entscheidung sei schon getroffen, dass er eine Bewegung macht, mit der er beginnt die Sachen wegzuräumen oder bereits einzuwickeln – kurz es gibt hunderte von kleinen Mitteln, wie sie jeder geschickte Verkäufer täglich anwendet: aber neben all diesen „Geschäftskniffen" muss ein festes, entschiedenes, selbstbewusstes Auftreten des Verkäufers einhergehen, das sich dann dem Käufer mitteilt. Wenn ein Geschäftsreisender auch nur die leiseste Unentschlossenheit blicken lässt, so ergreift der Käufer mit Freuden die Gelegenheit, ihm zu entkommen und nachher sind alle Gründe und Überredungsmittel meist vergeblich.

Aber niemand braucht die Fähigkeit der geistigen Ausstrahlung nötiger als der Lehrer. Ein aufgeregter, sich abhetzender und unsicherer Lehrer bringt ein ganzes Zimmer voll Kinder in Unordnung, während ein ruhiger und gesetzter Mensch, der sich selbst völlig in der Gewalt hat, dieselben Schüler zu aufmerksamer und guter Mitarbeit bringt. Ein Lehrer muss oft persönliche Abneigungen überwinden, Streitigkeiten zwischen Schülern schlichten, aufgeregte kleine Köpfe beruhigen, die zu viel an ihre eigenen Sachen denken, um etwas lernen oder vortragen zu können, oder er muss unaufmerksamen Geistern schwierige Fragen klarmachen. Das alles leistet er durch seine Persönlichkeit, die nichts anderes ist, als die Ausstrahlung seines innersten Wesens.

Jugendliche Menschen und vollends Kinder sind äußerst empfänglich für die Art der Gedanken, die auf sie gerichtet sind: sie wissen genau, ob der Lehrer wirklich Anteil an ihnen nimmt und ihnen helfen will oder nicht. Sie spüren sofort, ob sie mit einer selbstsüchtigen und widerwärtigen Natur zu tun haben. Kein Lehrer, keine Lehrerin ist für die heilige Aufgabe des Lehrens geeignet, wenn sie nicht voll inneren Anteils für die Schüler sind und liebevolle, hilfsbereite Gedanken für ihre Schützlinge hegen.

Es ist eine **allgemeine** *Selbsttäuschung* **zu glauben,** wenn man einen guten **Gedanken** hat, so sei man das schon **geworden,** was man **eben denkt.** Gute Gedanken sind wirklich ETWAS GUTES: aber wenn sie nicht von der FREILICH sehr schwierigen Bildung des Charakters *begleitet* sind, so sind sie oft nicht besser als **Seifenblasen.**

Mozumdar

15. Charakterbildung

Manches junge Mädchen wendet jahrelang täglich viele Stunden daran, um sich im Klavierspiel zu üben oder ihre Stimme auszubilden. Mancher junge Mann lässt sich's jahrelang sauer werden und scheut die schwierigste und langweiligste Arbeit nicht, um es in irgendeinem Beruf zur Meisterschaft zu bringen. Ein Künstler verbringt sein halbes Leben damit, zu lernen, wie man ein Bild malt; ein Schriftsteller arbeitet jahrelang, um ein einziges Buch zu schreiben – und keiner von diesen Menschen ist bereit, irgendwie Zeit darauf zu verwenden, um seinen Charakter so auszubilden, dass er die völlige Sicherheit hat, immer und unter allen Umständen Friede, Zufriedenheit und Glück zu besitzen.

Welch ein trauriges Schauspiel, zu sehen, wie ein Mensch die besten Jahre seines Lebens opfert, um ein paar Tausend oder auch ein paar Millionen Dollar zusammenzuscharren! Er arbeitet von früh bis spät, aber nie hält er es für der Mühe wert, ein paar Minuten daranzuwenden, um sein eigenes Wesen gesund, gleichmäßig und zufrieden zu machen und sich damit etwas zu verschaffen, das ihm Heiterkeit und Gleichgewicht bewahren kann, was auch für Verlust und Missgeschick ihn treffen mag. Die meisten Menschen scheinen sich einzubilden, dass das, was alles andere an Wert übertrifft, ihnen ohne alle Anstrengung, ohne besondere Übung ihrer Kräfte von selber zufallen soll. Das kann zwar geschehen, freilich nur bei ganz wenigen, die nach Abstammung und Umständen ganz besonders vom Glück begünstigt sind: den meisten von uns aber gelingt es nicht, ohne dass wir unsere Anstrengungen und unsere Denkkraft bewusst darauf richten.

Herbert Spencer sagt mit Recht: „Es gibt keine sittliche Alchemie, durch die wir aus dem Blei unserer Triebe das Gold wertvoller Leistungen erzeugen können. Aber unsere Triebe können wir verändern, der alte Stamm kann mit neuen Zweigen gepfropft werden, den ganzen Baum kann man in eine neue Richtung zwingen: und so kann man bewirken, dass das Gold des Charakters auch als Gold der Leistungen erscheint."

Wie leicht kann man einem jungen Stämmchen jede beliebige Richtung und Form geben, wenn es erst im Anfang des Wachstums steht, und wie viel bedeutet diese frühe Disziplin für die Gleichförmigkeit und Schönheit des erwachsenen Baumes. Wie leicht kann eine Mutter, die es versteht, den jugendlichen Geist in die rechte Disziplin zu nehmen, ihn von allen seinen kleinen Feinden freihalten, von den Gedanken der Furcht, der Sorge, der Mutlosigkeit, der Krankheit, des Misserfolgs und ebenso von den schlimmeren Feinden, die aber nur allgemeiner bekannt und gefürchtet sind, den schlechten und unsittlichen Gedanken.

In der Vergangenheit waren fast alle Anstrengungen, die man machte, um den Charakter zu bilden, von rein verneinender Art und knüpften in falscher Weise an vorhandene Fehler an. Die Eltern erinnerten ihr Kind hundertmal des Tags an einen Fehler, den es hatte, bis das arme Kind diesen Fehler nicht mehr aus seinem Bewusstsein hinausbringen konnte und schließlich die Wahnvorstellung bekommen musste, der Fehler sei ihm wie ein unaustilgbarer Stempel aufgeprägt und alle Versuche, anders zu werden, helfen doch nichts mehr. Ein derartiger Versuch, den Charakter zu bilden, ist nicht sehr verschieden von dem Versuch, den Erfolg dadurch herbeizuziehen, dass man beständig an das Ausbleiben des Erfolges denkt. Fortwährend an die eigenen Charakterfehler und Sünden zu denken, prägt sie dem Wesen nur umso fester ein und macht das Überwinden immer schwieriger.

Wir werden allmählich zu allen guten Eigenschaften unfähig, wenn wir immerfort an schlechte denken. Bei manchem Schüler der Heilkunde hat das beständige Lesen von Büchern über Krankheiten bewirkt, dass er alle Anzeichen dieser Krankheiten an sich verspürt, ja es ist vorgekommen, dass die Krankheiten selbst dadurch entstanden sind. In ganz derselben Weise können wir auch Erfolg oder Glück dadurch erreichen, dass wir mit unseren Gedanken immer bei den erwünschten Eigenschaften verweilen. Durch ein „Aufpfropfen" in dem oben beschriebenen Sinn und durch Suggestion von guten Eigenschaften wird der Charakter am besten entwickelt.

Der ganze Unterschied zwischen Glück oder Elend, Erfolg oder Misslingen beruht also darauf, dass wir den Wortschatz eines Kindes mit einiger Sorgfalt überwachen, indem wir es lehren, dass Worte Wirklichkeiten sind und dem Geist die Bilder von dem einprägen, was sie ausdrücken. Wie leicht können wir einem Kind helfen, nur die Worte zu wählen und zu gebrauchen, die ihm Bilder des Lebens und der Freude, des Lichtes und des Friedens, der Ruhe und des Glückes übermitteln, und solche Worte zu meiden, die den Geist beflecken, indem sie ihm hässliche Bilder eindrücken und so schließlich den Charakter verschlechtern und das Leben verderben. Man führt jetzt in den Kindergärten Spiele ein, mit denen man die erwünschten und den Kindern vielleicht fehlenden Eigenschaften in ihnen zu erwecken und zu entwickeln sucht. „Gerechtigkeitsspiele" oder „Mutspiele" dienen zur Übung bestimmter Tätigkeiten oder Charaktereigenschaften und üben erfahrungsgemäß eine prachtvolle Wirkung auf die Kinder aus. Die beständige Wiederholung der „Gute-Betragen-Spiele" z. B. weckt einen gewissen Sinn für Aufrichtigkeit und Höflichkeit in dem Jungen, so dass er schließlich in Gegenwart von Frauen ganz unbewusst den Hut abnimmt, ohne dass er daran zu denken braucht, was bekanntlich in Amerika ganz besonderer Einprägung bedarf.

Ein vollkommenes Heim, eine „gute Kinderstube", wie man sagt, ist schon allein eine beständige Übungsschule, wo die Kinder immerfort Mut, Höflichkeit, Hilfsbereitschaft, Mitgefühl, Aufrichtigkeit und Wahrhaftigkeit spielen: und was sie sich vielleicht zuerst nur äußerlich aneignen, wird schließlich zur anderen Natur und macht den Charakter gut, schön und stark. Eigenschaften, die dem Kind noch fehlen, können erweckt und ungemein kräftig entwickelt werden, solange es noch klein ist. Man ist deshalb heute allgemein der Überzeugung, dass es möglich ist, einen kraftvollen Charakter in jedem Durchschnittskind zu entwickeln, wenn nur die richtige, beständige und folgerichtige Erziehung und Übung nicht fehlt.

Die Wiederholung bestimmter Denktätigkeiten entwickelt offenbar die dazugehörigen Gehirnzellen so weit, dass sie schließlich dem leisesten Antrieb in dieser Richtung gehorchen, ebenso wie das Gehirn rein selbsttätig arbeitet und den gewünschten Erfolg erzielt, wenn wir die Tätigkeit des Zusammenzählens oder Abziehens von Zahlen beginnen. Zuerst muss der Anstoß öfters gegeben und die Gedanken öfters wiederholt werden; zuletzt aber geht die Sache im

Gehirn rein selbsttätig vor sich und wir können die schwierigsten mathematischen Aufgaben lösen fast ohne dabei zu denken; so sehr können wir den Geist zu den Eigenschaften erziehen und ausbilden, die wir haben wollen.

Es ist eine bloße Frage der Beständigkeit. Können wir den Gedanken an das, was wir wünschen, beständig festhalten, so wird der Bau des Gehirns dadurch beeinflusst und schließlich in der Richtung ausgebildet, dass der Charakter bestimmt ist und nun selbsttätig handelt. Es tritt so das bekannte Gesetz in Kraft: „Wer da hat, dem wird gegeben, dass er die Fülle habe; wer aber nicht hat, dem wird auch genommen werden, was er hat."

Man hat herausgefunden, dass die Ausbildung der Handfertigkeit Einfluss auf das Gehirn hat und fehlende Eigenschaften in hohem Grad hervorrufen kann. Ein von Natur aus träger Junge, der gar keine Fähigkeit zu irgendetwas zu haben scheint, kann auf diese Weise in kurzer Zeit so erzogen werden, dass er gerne und willig arbeitet. Sobald er einen genügend starken Antrieb hat und die bisher untätigen Gehirnzellen zu üben beginnt, erwachen verschiedene Fähigkeiten in ihm. Wenn man nur einmal seinen Ehrgeiz erregt hat, so erweckt dieser die fehlenden Eigenschaften rein durch Übung der Gehirnzellen.

Ein Wechsel der Umgebung trägt oft wunderbar viel zur Entwicklung eines zurückgebliebenen Kindes bei, wenn die Eltern unter den häuslichen Bedingungen schon ganz den Mut verloren hatten. Sobald der Junge in ein Geschäft oder in die Schule kommt, wo er überhaupt mehr auf sich selbst angewiesen ist, ändert sich sein ganzes Wesen. Dr. A. T. Schofield hat eine Anzahl Mittel angegeben, durch welche Eltern den Charakter ihrer Kinder beeinflussen können.

128

Man bilde sittlich wertvolle Gewohnheiten aus. Man gestalte die Umgebung so, dass in den Geist des Kindes auf dem Gebiet des körperlichen, geistigen und sittlichen Lebens niemals üble, sondern nur gute Einflüsse eindringen können. Man erfülle den Geist des Kindes durch Beispiel und durch Erzählungen mit hohen Vorbildern, die seinem Willen Richtung und der Entwicklung seines Charakters Stärke verleihen. Man nähre seinen Geist mit richtigen Gedanken und übe die sich entwickelnde sittliche Kraft, indem man das Kind in bestimmte Lagen bringt, in denen es die mutige Überwindung von Schwierigkeiten und das standhafte Ertragen von Beschwerden lernen kann: aber man sei vorsichtig und mache die Schwierigkeiten nicht zu groß, damit sie nicht entmutigend wirken. Man suche die verschiedenen Anlagen und Strebungen des Kindes miteinander auszugleichen, damit es nicht zu einseitig wird. Man stärke den Willen, damit er imstande ist, seine Entschlüsse auszuführen und mit Energie und Entschlossenheit zu handeln. Man bilde die sittliche Feinfühligkeit und stärke den Widerwillen gegen das Böse, indem man das Verantwortlichkeitsgefühl gegen sich selbst, gegen die Menschen und gegen Gott lebendig macht. Bei all diesen Versuchen, sich oder andere zu beeinflussen, muss man aber jedes übermäßige und krankhafte Nachdenken über sich selbst, über seine Fehler und über die Wege, sie los zu werden, fernhalten. Man wende vielmehr das Verfahren an, die gegenteiligen Eigenschaften zu stärken, den Geist mit hellen, hoffnungs- und liebevollen, erhebenden Gedanken zu erfüllen und diese Gedanken nach Kräften in Taten umzusetzen.

WAS willst du?

Alles ist dein, alle Wege

liegen *offen* vor dir, die **Sonne der Wahrheit**

leuchtet dir: also ZAUDERE

NICHT,

frage nicht, sondern **sei**

still und behaupte dein Selbst.

16. Die Stärkung
mangelhaft entwickelter Eigenschaften

Es gibt nur wenig Menschen, deren Wesen in völligem Gleichmaß entwickelt und vollkommen abgerundet ist. Viele haben vielleicht ausgezeichnete Fähigkeiten in einer bestimmten Richtung, sie haben eine gute Erziehung und eine gründliche Ausbildung genossen und trotzdem ist irgendwo in dem Aufbau ihres Wesens ein Fehler, durch den ihr ganzes Leben verkümmert und der alle Erfolge ihres größten Fleißes wertlos macht.

Manche von uns haben vielleicht nur eine einzige verächtliche Schwäche – aber sie wiegt all unsere Kräfte und Fähigkeiten auf und macht ihren Wert für uns und andere zunichte. Wie beschämend ist das Bewusstsein, dass wir eine solche Schwäche oder einen derartigen Fehler bis in unser reifes Alter mitgeschleppt haben, ohne es richtig zu merken oder doch jedenfalls ohne uns davon geheilt zu haben. Vielleicht ist es nur ein kleiner Fehler: aber wenn durch ihn unser Leben verkümmert, wenn er alles Streben lähmt, wenn er uns beständig vor uns selbst erniedrigt, wenn er uns in tausend Verlegenheiten bringt und unser Emporkommen in der Welt hindert – was für ein schreckliches Unglück ist er dann doch für uns! Wie schade, wenn ein Riese an Möglichkeiten durch eine kleine verächtliche Schwäche gefesselt ist, die seine vielleicht glänzende Laufbahn vernichtet!

Wenn Eltern oder Lehrer das Kind auf eine derartige Schwäche aufmerksam machen, die ihm verderblich werden kann, falls sie nicht beseitigt wird; wenn sie es anweisen, wie es sich dagegen wehren und wie es durch Übung des Geistes die mangelnde Fähigkeit entwickeln und stärken kann – welch eine großartige Hilfe ist das für das Kind, vielleicht seine Rettung vom Untergang.

Welch bedauernswerter Anblick, wenn man sehen muss, wie ein junger Mann sich vor dem sogenannten Schicksal beugt, von dem er glaubt, dass es durch eine Falte seines Gehirns oder durch geerbte Eigenschaften seine ganze Entwicklung vorausbestimmt habe. Warum sollen wir unsere Schwächen durchs Leben mitschleppen, wenn doch ein wenig gesunder Menschenverstand, ein bisschen vernünftiges Denken, durch das neue Gedankenbahnen gebildet werden, uns aufs schnellste davon heilen kann? Wenn du dir einer geistigen Schwäche, einer ungenügend entwickelten Fähigkeit bewusst bist, so wisse auch, dass schon ein geringer Grad von geistiger Sammlung, ein Lenken des Denkens nach der entgegengesetzten Richtung, ein Verweilen mit den Gedanken auf der als vollkommen entwickelt vorgestellten Fähigkeit oder Eigenschaft dir rasch die gewünschte volle Entwicklung verleiht.

Rechtes Denken schafft rechtes Leben. Aber wenn du jene schwache Anlage auf sich beruhen lässt, wenn du sie nicht übst und zu verstärken suchst, wie kannst du da erwarten, dass sie jemals kräftig wird? Du kannst dir keinen gleichmäßig entwickelten Körper verschaffen, wenn du bloß die Arme übst. Dasselbe gilt vom Geist. Alle geistigen Fähigkeiten und Anlagen, die nicht geübt werden, verkümmern. Wenn du etwas ersehnst und mit deiner ganzen Kraft anhaltend genug und lange genug danach trachtest, so kann es gar nicht anders sein, als dass du ihm näher kommst: was du dir wünschst, muss dir in irgendeinem Maße zu teil werden.

Wenn deine Begierde nach Weisheit stark und anhaltend genug ist, so wirst du weise. Wenn dein Begehren nach Müßiggang und bloßem Vergnügen steht, so wirst du das Gewünschte erhalten: aber du darfst nicht erwarten, dass du zur Weisheit kommst, wenn du nach dem entgegengesetzten Ziele strebst.

Wenn du dir Gesundheit wünschst, dann sprich Gesundheit und denke Gesundheit, stelle dich dir in vollkommener Gesundheit vor Augen, wie ein Bildhauer sich das Bild vor Augen stellt, das er aus dem Stein gestalten will. Halte das im Geist fest – so wirst du Gesundheit schaffen. Willst du von Armut befreit werden? Dann halte den Gedanken an Fülle des Reichtums fest, aber Reichtum zum Verwenden und zum Genießen, nicht zum Aufsparen, zum Segen und nicht zur Unterdrückung – und der Reichtum wird so sicher kommen, als die Rose aus der Knospe kommt.

„Bejahe, was du dir wünschst, und es wird in dein Leben eintreten."

Wenn zum Beispiel deine gefährliche Schwäche darin liegt, trübe gestimmt zu sein und immer das Üble an allen Dingen zu sehen, so kannst du dich von diesem Zustand vollkommen heilen und zwar in ganz kurzer Zeit, wenn du deine Gedanken beständig auf die helle, frohe und sonnige Seite der Dinge gesammelt und gerichtet sein lässt. Wenn du das anhaltend fortsetzt, so wirst du nach einer Weile nur noch ganz selten niedergeschlagene, düstere Gedanken haben. Wenn sie kommen, so wirf sie aus deinem Geist hinaus, wie du einen Einbrecher aus dem Haus werfen würdest. Ist irgendein Grund vorhanden, den Einbrecher im Haus zu behalten, bloß weil er eben einmal eingedrungen ist? Mach die Läden auf und lass das Licht herein, so verschwindet das Düster. Das ist nicht schwer zu machen. Wenn du aber deine Schwäche pflegst oder bei den niederdrückenden Gedanken verweilst, so ist das gleichbedeutend damit, dass du mit ihnen Freundschaft schließt und sie einlädst, ja bei dir zu bleiben.

Wenn du immer bei der trüben Seite der Dinge verweilst, dann stärkst du alles, was dein Leben verdüstern und deine Laufbahn hindern kann. Wenn du beständig das Bild der vollkommen entwickelten Fähigkeit im Geist festhältst, von der du meinst, dass sie dir fehle, so wirst du bald den gewünschten Erfolg erreichen.

Ich wollte, es wäre möglich, jedem jungen Menschen zu zeigen, welche große Macht zum Guten darin liegt, dass wir uns gewöhnen, Fähigkeiten und Anlagen, die wir uns wünschen, kraftvoll zu bejahen und mit all der Entschlossenheit, die uns zu Gebot steht, als unser rechtmäßiges Erbe zu beanspruchen. Die bloße Inanspruchnahme von etwas durch unsere ganze Willenskraft, die Entschlossenheit, es zu besitzen, die kein Zurück kennt, das hilft wunderbar dazu, das Ersehnte auch wirklich zu erlangen. Scheue dich nicht, die Eigenschaften, die dir fehlen, oder was du dir sonst brennend wünschst, immer und immer wieder zu begehren und zu verlangen, halte diese Sehnsucht stets im Vordergrund deines Bewusstseins, sei entschlossen, dass du es besitzen wirst und dich durch nichts davon abbringen lässt – und du wirst mit Überraschung sehen, wie schnell du dich in einen Magnet verwandelst, der die ersehnten Dinge anzieht.

Wenn du dir einen vollendeten Charakter wünschst, so begehre ihn, fordere ihn, strebe nach ihm mit aller Hartnäckigkeit und du wirst nicht nur deinen Geist vorbereiten, ihn zu bekommen, sondern auch die Kraft deines Geistes vermehren, mit der er ihn anzieht. Wir wissen, dass die meisten Menschen das, was sie heiß ersehnen und wonach sie beständig ringen, irgendwann und irgendwie auch erlangen. Und selbst wenn sie nicht alles erlangen, was sie sich wünschen, so kommen sie ihm doch näher und erlangen viel mehr, als wenn sie es nicht so beständig begehrt und danach gerungen hätten.

Wir besitzen die Fähigkeit, unsere Anziehungskraft zu verändern, sie je nachdem zu verstärken oder zu schwächen, und zwar steht dies im Verhältnis zu dem Grad unseres Begehrens und des Behauptens unseres Anspruches. Viele Menschen verweilen in krankhafter Weise bei der Vorstellung, dass sie in irgendeiner Weise eigentümlich veranlagt seien.

Manche denken, sie hätten gewisse Eigenheiten oder Anlagen von ihren Eltern geerbt und warten nun immer, dass sich das irgendwie zeigen werde. Aber das ist gerade das Mittel, es dahin zu bringen, dass sie sich zeigen: denn was wir beständig einladen bei uns einzutreten, das kommt auch zu uns.

So verstärken die Menschen das Übel, indem sie sich beständig darum sorgen und bei seinen schlimmen Wirkungen in Gedanken verweilen. Schließlich entwickelt sich bei ihnen eine hochgradige Empfindlichkeit in Bezug auf das, was sie für ihre eigentümliche Anlage halten: sie mögen nicht davon sprechen und nicht davon hören, und trotzdem nimmt ihnen das beständige Denken daran all ihr Selbstvertrauen und verhindert sie an einer Reihe von Erfolgen. Die meisten dieser krankhaften Eigenheiten bestehen nur in der Einbildung oder werden doch durch die Einbildung stark vergrößert. Man hat so lange über ihnen gebrütet, bis sie schließlich aus der Eierschale der Möglichkeit ausschlüpfen und als lebendige Feinde ihr Opfer quälen. Das Heilmittel gegen derartiges besteht darin, dass man gerade das Gegenteil tut: man verweile bei den guten und vollkommenen Eigenschaften und lasse alle Fehler und Mängel einfach auf sich beruhen.

Wenn du denkst, du habest irgendeine unerwünschte Eigenheit, so gewöhne dich daran, den Gedanken an deine vollkommene Natürlichkeit festzuhalten. Sage zu dir selber: „Ich habe keine Eigenheiten; die Eigenheiten, die ich mir zu haben einbilde, habe ich in Wirklichkeit nicht. Ich bin geschaffen nach dem Bild meines Schöpfers und ein vollkommenes Wesen schafft keine solchen Unvollkommenheiten. Also können diese meine Unvollkommenheiten gar nicht wirklich sein, nur mein wahres Wesen ist wirklich. Es ist nichts Unnatürliches an mir, außer was ich selbst durch meine Gedanken erzeuge, denn der Schöpfer gab mir eine vollkommene menschliche Natur. Er gab mir keinen Misston mit ins Leben, ist er doch der vollkommene Einklang."
Durch derartige Gedanken, wenn du sie festhältst, bringst du dich zum Vergessen dessen, was dir unnatürlich an dir selbst erschien, und wenn du es vergisst, so verschwindet es von selbst und du findest dein Selbstvertrauen wieder in dem Bewusstsein, dass du nicht anders bist als andere.

Jede gute Tat,

jeder wahrhaftige **Gedanke**

prägen dem **Gesicht** und

dem ganzen Menschen das **Siegel**

ihrer *Schönheit* auf.

Ruskin

17. Die Erlangung von Schönheit durch den Gedanken der Schönheit

Ein Mädchen mit dem allergewöhnlichsten Gesicht und dem hässlichsten Ausdruck, wenn sie nur ein edles gutes Herz hat, kann es ohne alle Schwierigkeit so weit bringen, dass sie jedem, der sie kennt, schön erscheint, wenn sie sich daran gewöhnt, den Gedanken der Schönheit beständig im Geist zu tragen: nicht den Gedanken der bloß oberflächlichen äußeren Schönheit, sondern der Herzens- und Seelenschönheit.

Auf dem Grund jeder wahren Schönheit ruht ein gütiges, hilfsbereites Herz, eine Sehnsucht, Sonnenschein und Frohsinn um sich zu verbreiten: wenn dies durchs Gesicht hindurch leuchtet, wird es schön. Die Sehnsucht und die Anstrengung, schön im Charakter zu werden, kann gar nicht anders als das Leben schön gestalten, und da das Äußere nur der Ausdruck des Innern ist, nur eine Abbildung der gewohnten Gedanken und herrschenden Triebe an der Außenseite des Körpers, so müssen Gesicht, Gebärden und Haltung dem Gedanken nachfolgen und mit ihm angenehm und anziehend werden. Wenn du den Gedanken der Liebe, Güte und Schönheit fortwährend in deinem Geist lebendig erhältst, wirst du einen solchen Eindruck von Harmonie, Milde und Seelenschönheit machen, wo immer du gehst, dass niemand eine vorhandene Unschönheit oder Missgestalt deines Gesichts bemerken wird.

Die höchste Schönheit, die weit über die bloße Regelmäßigkeit der Gesichtszüge erhaben ist, kann jedermann erlangen. Ich kenne Mädchen, die mit ihren Gedanken bei dem, was sie als ihre unglückselige Hässlichkeit empfanden, so lange verweilten, dass sie das Unglück noch viel schlimmer machten. Sie sind nicht halb so unschön, als sie sich einbilden, und wenn sie nicht so empfindlich wären und nicht immer selber daran dächten, so würden die anderen es kaum bemerken. Wenn sie diese Empfindlichkeit loswerden und ganz natürlich sein könnten, so könnten sie auch durch geistreiche Gedanken, durch munteres Betragen, durch Klugheit und durch frohe Hilfsbereitschaft reichlich ersetzen, was ihnen etwa an Feinheit und Schönheit des Geistes abgeht.

Ich kannte ein Mädchen, die unter der ungewöhnlichen Hässlichkeit ihrer Züge und der Ungewandtheit ihrer Bewegungen so sehr litt, als sie heranwuchs, dass sie schon fast verzweifelte, jemals etwas aus sich machen zu können und sogar an Selbstmord dachte. Sie war so sehr überzeugt, überall die Zielscheibe spöttischer Bemerkungen zu sein und ihre Empfindung, dass sie niemanden etwas sein könne, war so stark, dass sie sich endlich entschloss, mit einer letzten Anstrengung aus diesem Unglück herauszukommen. Sie beschloss bei sich selbst, sie wolle die Menschen zwingen sie zu lieben, sie wolle sie nicht länger abstoßen, sondern anziehen, sie wolle solchen selbstlosen Anteil an den Menschen nehmen, dass diese gar nicht anders könnten, als sie lieb zu gewinnen. Sie beschloss, jene schönen Eigenschaften des Herzens in sich auszubilden, die die bloße Körperschönheit weit aufwiegen. Sie begann, Anteil an den Menschen zu nehmen, sich um fremdes Wohl und Wehe zu kümmern. Wo sie jemand sah, der sich nicht wohl fühlte oder bekümmert aussah oder ohne Freunde war, nahm sie solch herzlichen Anteil an ihm, dass sie sofort seine Freundschaft gewann. Sie begann ihren Geist in jeder Weise auszubilden und wurde dadurch anziehend, munter und freudig gestimmt. Sie erhielt sich beständig in dieser hoffnungsfreudigen und frohen Stimmung und sah bald zu ihrer Überraschung, wie die Jugend, die vorher nichts von ihr hatte wissen wollen, sich um sie scharte und sie lieb gewann. Darin fand sie nicht bloß einen überreichen Ersatz für ihre körperliche Unschönheit, von der sie gefürchtet hatte, dass sie sie um alles eigene Glück und um allen Nutzen für andere bringen werde, sondern gewann eine Seelenschönheit, die mit den Jahren noch zunahm und die jener anderen Schönheit unendlich überlegen war, die bloß in regelmäßigen Gesichtszügen und vollkommenen Körperformen besteht.

Die **EINBILDUNGSKRAFT** ist

die Vorläuferin und

die **Ursache** für

jedes *Gelingen.*

18.   Die Macht der Einbildungskraft

Den Fortschritt der Welt, den Aufstieg zur Bildung und Veredlung verdanken wir zum größten Teil der Einbildungskraft. Wir würden noch heute als Wilde in Höhlen und Hütten leben, wenn es nicht Menschen gegeben hätte, die imstande waren, sich durch ihre Einbildungskraft Besseres und Vollkommeneres vorzustellen und die dann den Entschluss fassten, es auch zu verwirklichen und zu besitzen.

Die Menschen, die der Welt die größten Dienste geleistet haben, taten dies dadurch, dass sie durch ihre Einbildungskraft etwas erschauten, was besser war als das Vorhandene, und dann so lange arbeiteten, bis sie es verwirklicht hatten.

Weil Morses Einbildungskraft einen besseren Weg zur Übermittlung von Nachrichten vor sich sah, als die Post, deshalb war er imstande, der Welt den Telegraphen zu schenken. Weil Bells Einbildungskraft noch etwas Besseres als den Telegraphen erschaute, besitzen wir jetzt das Telefon. Weil Marconis Einbildungskraft einen noch besseren Weg zur Nachrichtenvermittlung vor sich sah, als alles bisher Geschaffene, deshalb haben wir die drahtlose Telegraphie erhalten, mit der ein Reisender mitten auf dem Meer sich ein Gasthaus im Hafen und einen Wagen an den Landungsplatz des Dampfers bestellen kann.

Ein unbekannter griechischer Bildhauer gab uns in der Venus von Milo die Vorstellung von der Möglichkeit einer Schönheit der Gestalt und Hoheit der Haltung, zu der das Menschengeschlecht als Ganzes sich bis jetzt noch nicht hinaufgearbeitet hat.

Aber wir haben ein Vorbild, nach dem wir streben und dem wir schon ein gutes Stück näher gekommen sind. Was verdankt die Welt der großartigen Einbildungskraft Michelangelos, der in jener wunderbaren Gestalt des Moses uns die Möglichkeit eines göttlichen Menschen zeigte! Die Einbildungskraft der großen Tondichter hat uns die Meisterwerke der Tonkunst gegeben. Weil die Einbildungskraft einiger Kaufleute die Vereinigung von hunderterlei verschiedenen Geschäften unter einem Dach erschaute, deshalb haben wir jetzt die großen Warenhäuser, wo man überhaupt alles kaufen kann, was man braucht. Weil es Lehrer gegeben hat, deren Einbildungskraft unendliche Fortschritte des Menschengeschlechts vor sich sah, deshalb haben wir unsere höheren und Hochschulen.

Was verdanken wir überhaupt der Einbildungskraft nicht? Menschen ohne Einbildungskraft, die die Dinge bloß sehen, wie sie sind, tappen in ausgefahrenen Gleisen dahin: ein Mann mit starker Einbildungskraft dagegen ist der Mann des Fortschritts, der an die Stelle der Postkutsche den Schnellzugwagen, an Stelle des Segelschiffes den Schnelldampfer setzt. Weil unsere großen Künstler mit ihrer Einbildungskraft etwas erschauten, das vollkommener war, als was es in der Natur gibt, deshalb besitzen wir die großen Meisterwerke der Kunst. Es ist nicht genug, die Natur zu sehen, wie sie ist: es ist etwas viel Größeres, sie vermittelst der Einbildungskraft so zu sehen, wie sie sein könnte und ihre Möglichkeiten im Geiste schon verwirklicht zu erblicken.

Der Durchschnittsmensch glaubt für gewöhnlich, dass die Menschen mit starker Einbildungskraft keinen Nutzen für die Welt haben, nennt sie Träumer und hält sie für ungeschickte Menschen, die bloß denken, aber nicht handeln können. Aber oft haben diese Träumer tausendmal mehr Geschick gezeigt, als die, die über sie spotteten: ja die großen Träumer haben uns die nützlichsten Dinge geschenkt, die wir besitzen.

Es waren die Träumer, die die primitiven Zustände der Menschheit veredelt haben, sie haben uns über das Gemeine hinausgehoben und von den mühseligsten Formen der Handarbeit befreit. Was verdankt die Welt nicht alles ihren Träumern und Denkern! Ganze Charakterzüge sind erst dadurch möglich geworden, weil manche Menschen in sich selbst die Anlage zu einem weit höheren Menschentum erschauten, als vorher da war: ihr Ringen und Streben hat diese höheren Menschen wirklich gemacht und durch sie die Menschheit in die Höhe gebracht.

Weil die Einbildungskraft der Eltern imstande ist, Menschen zu erblicken, die höher sind, als sie selbst, vollkommenere und vollständigere Menschen, deshalb können sie ihre Kinder höher heben, als sie selbst stehen. Die Zeit wird kommen, in der wir verstehen werden, was für eine ungeheure Macht die Einbildungskraft für die Gestaltung unseres eigenen Lebens besitzt, wie unendlich viel sie leisten kann bei der Erziehung, beim Ausgestalten von Idealen, in der Einwirkung auf unsere Laufbahn, in der Stärkung der Gesundheit und in der Vermehrung des Glücks.

Die Bilder, die unser Geist erschafft, sind nicht dazu da, um unser zu spotten, auch nicht, um uns zu unterhalten, sondern um uns zu zeigen, dass sie verwirklicht werden können: sie sind nur die Schatten, die eine zukünftige höhere Wirklichkeit vorauswirft. Sie bewähren uns als wahrhaftige

Seher einer möglichen Zukunft und sind uns gegeben, um unser Streben lebendig zu erhalten, unseren Eifer anzuspornen und uns mit dem unzufrieden zu machen, was uns als gemeine Gegenwart umgibt, indem sie uns einen flüchtigen Blick auf unendlich Höheres werfen lassen. Wir fangen an, einzusehen, dass unsere Einbildungskraft nicht bloß ein müßiges Spiel des Gehirns ist, sondern dass in ihr das Ideal lebendig wird und die großen Vorbilder geschaffen werden, zugleich mit den Kräften, die sie einst verwirklichen sollen.

Wenn die Einbildungskraft eines Kindes richtig gebildet wird, so sichert sie sein zukünftiges Wohlergehen und seine ganze Zukunft, während eine verkehrte Richtung dieser Kraft unendliches Elend und Leid bringt. Von viel größerem Wert für ein Kind, als wenn man ihm ein Vermögen mitgibt, ist die Erziehung seiner Einbildungskraft zu der Fähigkeit, nicht hässliche, sondern schöne Bilder zu schaffen, Bilder, die seinen Geist nicht herabziehen, sondern zu immer höherem Streben begeistern.

Die Jahre können sich

dem Gesicht nicht *aufprägen,*

wenn der **GEIST** es nicht **erlaubt,**

denn er ist

der wahre **GESTALTER.**

19.   Die Jahre zählen nicht

Ich sage zu den Jahren, wie ich zu den Menschen gesagt habe: „Wie's auch gehen mag, ich zwinge euch!" Aus diesen Worten spricht ein Geist, der niemals alt wird, und wer in der letzten Zeit Sarah Bernhardt gesehen hat, der zweifelt nicht, dass sie dieses Wort wahr macht. Mit sechzig Jahren ist sie auf der Höhe ihrer Kraft als Schauspielerin und sieht nicht älter aus als vierzig. Es ist keine besondere Naturgabe, durch die Sarah Bernhardt und manche noch Ältere ihre Jugend so bewahren, sondern was ihnen das möglich macht, das ist die innere Stellung, die sie zu den Jahren einnehmen: sie erlauben ihnen einfach nicht, dass sie irgendwie eine Wirkung ausüben, ihre Jahre zählen einfach nicht für sie. Sie sind entschlossen, niemals alt zu werden in dem gewöhnlichen Sinn dieses Wortes.

In einem Aufsatz des Chicago Journals heißt es: „Höher als die Kunst, mit Anstand alt zu werden, ist die Kunst, überhaupt nicht zu altern. Sie ist etwas, das wohl wert ist, gelernt und bewahrt zu werden. Das Geheimnis dieser Kunst liegt darin, dass kein Mensch älter ist, als er sich selbst macht. Dazu gehört freilich Willenskraft, aber wozu gehört die nicht? Willenskraft allein beherrscht die Welt."

Julia Ward Howe ist ein glänzendes Beispiel jugendlicher Tatkraft, geistiger Lebendigkeit und Frische in hohem Alter. Ähnlich war die kürzlich verstorbene Mary A. Livermore. Henry Gassoway Davis, der neulich als Achtzigjähriger noch von der demokratischen Partei als zweiter Vorsitzender aufgestellt wurde, zeigt noch eine Spannkraft des Geistes und Körpers, die manchen Vierziger beschämt. George Meredith sagte bei der Feier seines fünfundsiebzigsten Geburtstages: „Ich fühle nicht, dass ich älter werde an Herz oder Geist. Ich sehe das Leben immer noch mit den Augen eines jungen Mannes an. Ich habe immer gehofft, dass ich kein solches Alter hätte wie manche andere, wo der Geist erstarrt, wo man nur rückwärts lebt, wo man andere Menschen nicht mehr versteht, weil man immer nur in der Vergangenheit lebt und seine ganze Anteilnahme an der Gegenwart allmählich verloren hat."

Wenn ein Mensch so weit kommt, sich seiner Göttlichkeit bewusst zu werden, die darin besteht, dass er so unzerstörbar ist als ein Naturgesetz, dass kein Zufall, keine Gefahr, keine Schwierigkeit das göttliche Teil in ihm antasten kann, und wenn er erkennt, dass er ein Teil der unendlichen schöpferischen Macht ist, dann wird er nicht mehr die Zeichen geistigen und körperlichen Niedergangs zu einer Zeit an sich tragen, in der er auf der Höhe seiner Kraft stehen müsste. Es ist so lange unmöglich, im Alter das Aussehen und die Geistesfrische der Jugend zu bewahren, bis die Menschen sich entschließen festzusetzen, dass die Jahre überhaupt nicht zählen, bis sie aufhören, den Körper dadurch alt zu machen, dass sie immerfort an ihr Alter denken.

Wir fangen meist schon in der Jugend mit dem an, was uns später alt machen wird: wir erwarten, dass wir mit fünfzig alt sind und dass es von sechzig an mit uns bergab geht. Die bloße Tatsache, dass wir uns aufs Altern gefasst machen, lässt uns altern, wie Hiob sagt: „Was ich gefürchtet habe, das ist über mich gekommen."

Wer sich auf irgendetwas einrichtet, es erwartet, es in Gedanken vorausnimmt, es fürchtet – der bekommt es gewöhnlich. Prentice Mulford sagt: „Ein Mensch, der sich beständig vor etwas fürchtet, wird den Stempel dieser Furcht auf seinem Gesicht tragen: wenn du also den Verfall deines Körpers als etwas ansiehst, das kommen muss, dann kommt er auch sicher."

Keinen Augenblick darfst du es zulassen, zu denken, du seist für dies oder jenes zu alt, denn dieser Gedanke wird sich nur zu bald in die Wirklichkeit umsetzen und viel zu früh als Gesichtsfalten und gealtertes Aussehen sichtbar werden. Nichts ist gewisser als die Anschauung, dass wir das sind, was wir denken und dass wir unseren Gedanken ähnlich werden. In einem Aufsatz des Milwaukee Journals heißt es: „Wie alt bist du? Das Sprichwort antwortet: Frauen sind so alt, wie sie aussehen, und Männer so alt, wie sie sich fühlen. Aber das ist falsch. Männer und Frauen sind so alt, wie sie sich machen. Alt zu werden ist zum großen Teil nur eine schlechte Gewohnheit.

„Wie ein Mensch in seinem Herzen denkt, so ist er", heißt es in Hiob 8, 17. Wenn er schon gleich nach der Mitte seines Lebens sich vorstellt, dass er jetzt alt wird, dann wird er es rasch werden. Sich vor dem Verfall des Alters zu bewahren, ist vielfach nur eine Sache der Willenskraft. Das Schicksal ist gelinde gegen einen Menschen, der das Leben mit beiden Händen festhält: wer es loslässt, dem entflieht es. Der Tod holt diejenigen nur langsam, die sich am Leben festhalten. Ponce de Leon suchte den Born der Verjüngung am falschen Ort: er quillt in uns selbst. Man muss sich inwendig jung halten, dann wird es heißen: „Ob unser äußerlicher Mensch verweset, so wird doch der innerliche von Tag zu Tag erneuert." (2. Kor. 4, 16).

Wenn der Geist sich nicht mehr betätigt, wenn er an den Angelegenheiten des täglichen Lebens keinen tätigen Anteil mehr nimmt, wenn er nichts Neues mehr liest, denkt oder tut, dann fängt der Mensch an, wie ein verdorrender Baum von oben herein abzusterben. Du bist so alt, wie du denkst, dass du es bist. Bleib im Geschirr: dein Tagewerk ist noch nicht getan. Oliver Wendell Holmes sagt: „Noch ist es heller Tag, nimm deinen Stab wieder zur Hand und kämpfe aufs neue für die Wahrheit, denn was ist das Alter anders als die volle Blüte der Jugend, eine reifere, höhere Jugend?"

Willst du lange leben, so liebe deine Arbeit und gib sie nie auf. Lege sie nicht mit fünfzig Jahren nieder, weil du dir einbildest, deine Kräfte fangen an zu schwinden oder du bräuchtest Ruhe. Gönne dir eine Ruhezeit, so oft du es nötig hast, aber gib deine Arbeit nicht auf. In ihr ist Leben, in ihr ist Jugend. Eine bekannte Schauspielerin schreibt: „Ich kann nicht alt werden, denn ich liebe meine Kunst. Mein Leben geht in ihr auf, ich habe niemals Langeweile. Wie kann jemand Alters- oder Sorgenfalten haben, der glücklich, vollbeschäftigt, unermüdlich ist und dessen Geist immer, immer jung bleibt? Wenn ich je einmal müde bin, so ist es nicht meine Seele, sondern nur mein Körper."
Denke an Susanne B. Anthony, die Vorkämpferin in der Frauenfrage, die jetzt dreiundachtzig Jahre alt ist, oder an Frau Gilbert, die als Schauspielerin in diesem Alter starb! Fräulein Anthony ist heute noch so lebenskräftig und begeisterungsfähig bei ihrer Arbeit wie vor einem halben Jahrhundert. Bei dem internationalen Frauenkongress in Berlin war sie nicht bloß die hervorragendste unter den weltbekannten Frauen, die hier zusammenkamen, sondern auch eine der tätigsten. Frau Gilbert, die solange die älteste Schauspielerin der amerikanischen Bühne war, war in ihrem letzten Lebensjahr noch der Star in einem neuen Stück. Diese Frauen dachten nicht daran, mit fünfzig oder

sechzig Jahren ihre Arbeit niederzulegen und alt zu werden. Das große Stück, das die Menschheit aufführt, war ihnen zu wichtig, um ihre Rolle aufzugeben.

Margaret Deland sagt: „Es gehört zum Schönsten, was wir in unserer Zeit erleben, dass das Alter mehr und mehr als etwas rein Körperliches auftritt, etwas, das mit Brillen und steifen Gliedern abgetan ist und nicht mehr als Stumpfheit oder Lebensüberdruss, nicht mehr als ,die Tage, von denen es heißt, sie gefallen uns nicht' (Pred. 12, 1). Man kommt immer mehr zu der Überzeugung, dass diese zweite Art von Alter etwas ist, das man vermeiden kann: ja es gibt jetzt schon höhere Naturen, die erkennen, dass ein solches Alter nur das Eingeständnis der eigenen Schuld ist, das Eingeständnis, dass das Leben selbstsüchtig, eng, ohne Einbildungskraft und ohne lebendige Ideale gewesen ist. Ein solches Alter ist eine Schande. Diese Überzeugung wächst allmählich in der Seele der Menschen.
Emerson sagt: „Wir zählen die Jahre eines Menschen erst dann, wenn er nichts anderes mehr zu zählen hat."

Nicht die Jahre machen uns alt, sondern die Art, wie wir sie gebraucht haben und verleben. Jede Ausschweifung ist eine Gefahr für die Langlebigkeit wie für die Erhaltung der Jugendfrische. Bittere Erinnerungen an ein schuldvolles und verfehltes Leben graben frühe Runzeln ins Gesicht, nehmen dem Auge seinen Glanz und den Gliedern ihre Spannkraft und machen das Leben öde und reizlos.

Die Bibel lehrt uns, dass ein reines und einfaches Leben lange dauern wird und sagt von einem Menschen, der ein solches Leben lebt: „Sein Körper werde wieder frisch und stark, genauso wie in seiner Jugendzeit." (Hiob 33, 25).

In der unnützen und unnatürlichen Künstlichkeit unseres Lebens, zu der eitler und wertloser Ehrgeiz uns verführt, verbrauchen wir uns viel zu früh und sie macht so viele Männer und Frauen mit vierzig Jahren alt. Ein einfaches Leben kann zugleich das reichste, edelste und nützlichste sein.

Pastor Charles Wagner sagt in seinem Büchlein „Das einfache Leben", dass Einfachheit und Tätigkeit sich nicht ausschließen und dass ein friedliches Leben doch ein Leben kraftvoller Tätigkeit sein kann. Er zeigt trefflich, wie die künstliche Unnatur unseres Denkens und Fühlens uns Energie verschwenden lässt, die wir zu nützlichen Zwecken verwenden könnten. Er betont immer wieder, dass wir unseren Geist durch solche Dinge der Kraft berauben, die richtig angewandt die wertvollsten Ziele erreichen könnte.

Prentice Mulford sagt: „In unserer Zeit des Rennens und der Hast, wo der eine über den anderen stolpert, glauben Tausende, es sei nötig, dass man alle Stunden des Tages hindurch etwas tun müsse, um Erfolg zu haben. Muße gilt fast als Sünde. Aber hier steckt ein großer Irrtum. Tausend und Abertausende ‚tun' etwas den ganzen Tag. Aber was kommt bei diesem ‚Tun' heraus? Eine Kleinigkeit, knapp so viel, als sie zum Leben brauchen. Warum? Weil der Verbrauch ihrer Kräfte nicht von der richtigen Überlegung geleitet wird. Eine Frau verbraucht vielleicht ihre Kraft schon bis zum vierzigsten Jahr mit dem Blankputzen von Öfen und Zinngeschirr und hundert solchen Kleinigkeiten: ihr Geist geht fast völlig in diesem Zeug auf. Eine andere sitzt still da, aber ihr kommt ein Gedanke, wie diese ganze Arbeit getan werden kann, ohne dass sie ihre Körperkraft verbraucht, und vielleicht durch solche Menschen, die überhaupt nichts anderes tun können. Diese wird ihre Gesundheit und Kraft sicherer bewahren als die andere.

Gesundheit und Kraft sind die wesentlichen Kennzeichen einer vollkommenen Reife, die in ihrer Art anziehender ist, als was man gewöhnlich Jugend nennt. Es hilft außerordentlich viel zur Erhaltung von Jugend und Kraft, wenn wir imstande sind, still zu sitzen und Geist und Körper ruhen zu lassen, wenn wirklich nichts zu tun ist: in diesem Ruhezustand erholt sich der Geist und der Körper und füllen sich mit neuer Kraft.

Der Körper wird nicht mit leiblicher Nahrung allein genährt. ‚Der Mensch lebt nicht vom Brot allein.' Andere, noch wenig gekannte Kräfte wirken auf ihn ein und geben ihm Stärke, und der wichtigste Weg, auf dem man ihrer teilhaftig wird, ist der jenes geistigen und körperlichen Ausruhens, das aber bloß dann wirksam ist, wenn es vollkommen und ungehindert ist. Wenn also die rechte Weisheit die Tätigkeit des Gehirns oder der Hand leitet, so wird viel mehr geleistet und zugleich ein genügender Vorrat von Lebenskraft immer bereitgehalten.

Wenige Menschen wissen, dass, was im Geist bei Tag vor sich geht, auch im Schlaf weiterläuft, wenn es nicht aufgehalten wird. Wenn du dir den ganzen Tag Gedanken der Sorge und Angst, aufreibende, schwarzseherische oder lieblose, eifersüchtige, neidische, habsüchtige Gedanken hast durch den Kopf gehen lassen, so kannst du sicher sein, dass diese Gedanken ihren zerstörenden Lauf im Gehirn bis tief in die Nacht hinein fortsetzen, ihre Bahnen tiefer und tiefer in das Nervengewebe eingraben, die Nerven- und Lebenskraft erschöpfen und sich in deinem Gesicht ausprägen, indem sie ihre Linien vertiefen und die Falten verschärfen.

Manche Menschen sind leider geistig so eingerichtet, dass in dem Augenblick, wo sie nicht mehr ganz von ihrer Arbeit in Anspruch genommen werden, alle ihre Sorgen und Kümmernisse sich in ihrem Geist versammeln, ihre Einbildungskraft mit schrecklichen Bildern erfüllen und ihnen alle Freude, alle Selbsttätigkeit und alles Glück zerstören. In dem Augenblick, wo sie sich abends zur Ruhe legen, fängt ihr Geist seine zerstörende Arbeit an. Ihre Einbildungskraft vergrößert die düsteren Bilder und die unangenehmen Erlebnisse ins Unermessliche und sie werfen sich im Bett herum, bis sie aus lauter Erschöpfung in diesem unseligen Geisteszustand einschlafen. Ist es da ein Wunder, dass sie rasch altern, dass sie morgens matt und erschöpft aufstehen, dass sie zu allen möglichen Schlafmitteln ihre Zuflucht nehmen, dass sie immerfort Stärkungs- oder Reizmittel brauchen, um sich arbeitsfähig zu erhalten?

Wir werden hoffentlich noch genau erfahren, dass der Geist sein eigenes Stärkungsmittel ist, wenn wir nur verstehen, seine Kräfte recht zu gebrauchen, das er auch sein bestes Reizmittel ist, dass wir bei naturgemäßen Leben keine Betäubungsmittel oder äußeren Reizmittel brauchen, dass der Geist sich am besten selbst erhält und verjüngt. Es kommt nur darauf an, dass wir ihn in der richtigen Verfassung erhalten, dass wir Gedanken der Harmonie, des Frohsinns, der Hilfsbereitschaft, der Liebe hegen: solange diese den Geist beherrschen, finden feindliche und zerstörende Gedanken keinen Eingang.

Wir müssen uns befähigen, alle die geistigen Vorgänge des Tages, die das Leben zermürben und die Nervenkraft und die Gehirnenergie erschöpfen, auszuschalten und von dem Augenblick an, wo unsere Arbeit aufhört, wieder für den nächsten Tag aufzubauen und uns zu erholen, gleichsam das Gefäß zu neuem Verbrauch wieder zu füllen.

Ich kenne einige Menschen, die die hohe Kunst verstehen, sich einen süßen, friedlichen, ruhevollen, erfrischenden Schlaf zu verschaffen, indem sie die Gehirnvorgänge, die sie den Tag über geplagt haben, ableiten und umkehren. Sie verstehen das Geheimnis, alle Sorgen und Kümmernisse auszuschalten und sie im Laden, im Geschäftszimmer, in der Fabrik einzuschließen, wenn sie abends den Schlüssel umdrehen. Sie schleppen ihre Geschäftssorgen niemals mit nach Hause. Von dem Augenblick an, wo ihre Arbeit ruht, bis zu dem, wo sie wieder beginnt, betrachten sie sich als frei und bloß für ihre Erholung lebend. Nichts bringt sie dazu, sich in dieser Zeit von irgendetwas, das mit dem Geschäft zusammenhängt, quälen zu lassen. Sie besitzen das Geheimnis und die Kraft, sich mit harmonischen, glücklichen, frohen und hoffnungsfreudigen Gedanken zu erfüllen. Sie bereiten ihren Geist für einen ruhigen, harmonischen Schlaf, indem sie Gedanken an Freude, Jugend, Friede und Liebe für die Nacht herbeirufen und keine anderen einlassen. Sie erlauben nicht, dass die alten Sorgen und Ängste mit ihren widrigen Bildern durch das Gemüt ziehen, um ihnen die Ruhe zu verderben und ihre hässliche Handschrift auf ihrem Gesicht zurückzulassen. Der Erfolg ihres Tuns ist der, dass sie am Morgen erfrischt und verjüngt und mit der ganzen Spannkraft ihrer Jugend aufstehen.

Wir werden alt, weil wir es nicht verstehen uns jung zu erhalten, ganz wie wir krank werden, weil wir nicht verstehen uns gesund zu erhalten. Krankheit ist das Ergebnis der Unwissenheit und des falschen Denkens. Die Zeit wird kommen, wo es den Menschen ebenso wenig einfällt, Gedanken zu beherrschen, die sie krank oder schwach machen, als etwa ihre Hand ins Feuer zu legen. Niemand wird krank, wenn er immer richtig denkt und seinem Körper die durchschnittlich nötige Aufmerksamkeit widmet. Wenn er nur die richtigen Gedanken hegt, so kann er sich seine Jugend weit über die gewöhnliche Zeit hinaus erhalten.

Wenn du den Trieb fühlst, eine Handlung zu begehen, die einen jugendlichen Eindruck macht, so lass dich niemals durch den Gedanken davon abhalten, dass du zu alt seist. Neulich beobachtete ich, wie einige Jungen ihren Vater, der bereits über sechzig war, dazu bringen wollten, mit ihnen zu spielen.

„Lasst mich in Ruhe", sagte er, „ich bin zu alt dazu."

Die Mutter aber nahm an ihrem Spiel teil und zwar sichtlich mit derselben Begeisterung und wirklichen Freude, als wenn sie nicht älter wäre als ihre Spielgenossen. Der Geist der Jugend leuchtete aus ihren Augen und zeigte sich in jeder ihrer Bewegungen. Ihre Fröhlichkeit im Spiel mit den Jungen erklärte mir, warum sie so viel jünger aussah als ihr Mann, obwohl der Unterschied nur wenige Jahre betrug.

Sei immer so jugendlich, als du dich fühlst und erhalte dich jung, indem du dich zur Jugend gesellst und an ihren Gedanken und Hoffnungen, ihren Plänen und Vergnügungen herzlichen Anteil nimmst. Die Lebenskraft der Jugend wirkt ansteckend. Als man Oliver Wendell Holmes fragte, durch welches geheimnisvolle Mittel er sich in seinem achtzigsten Jahre noch so jung erhalten habe, antwortete er: „Das kommt hauptsächlich davon her, dass ich die Anlage und

Fähigkeit habe, immer in froher Stimmung zu sein und dass ich ausnahmslos in jedem Abschnitt meines Lebens mit dem zufrieden gewesen bin, was ich gerade war. Ich habe nie die Qualen des Ehrgeizes, der Unzufriedenheit und Unruhe gefühlt, die die Menschen vor der Zeit alt machen und Falten in ihr Gesicht graben. Falten kommen nicht zum Vorschein in einem Gesicht, das beständig lächelt. Lächeln ist die beste Massage, die es gibt. Zufriedenheit ist der Born der Verjüngung." Die Zufriedenheit, die Holmes meint, müssen wir uns aneignen. Es ist nicht die Zufriedenheit des Trägen, sondern sie besteht darin, dass wir uns frei machen von unnützen Eitelkeiten und kleinen Sorgen, von Kummer und Ängsten, die uns nur an unserer wirklichen Lebensarbeit hindern. Bei dem Ehrgeiz, den er verwirft, stehen Eitelkeit und Selbstsucht im Vordergrund: man sucht hauptsächlich Berühmtheit, Lob und Bewunderung, Reichtum oder Einfluss, nicht in erster Linie die Fähigkeit, der Welt nützlich zu sein, im Dienst der Menschheit zu wirken oder zu führen oder der edelste, beste und leistungsfähigste Arbeiter zu werden. Wenn du willst, dass „dein Alter sei wie deine Jugend" (5. Mos. 33, 25), dann folge dem Spruch der Sonnenuhr: „Ich zeige nur die sonnigen Stunden."

Kümmere dich nicht um die Stunden des Schattens und der Dunkelheit. Vergiss die widerwärtigen und unglücklichen Tage. Behalte nur die Tage in Erinnerung, an denen du heilsame Erfahrungen gemacht hast, alle anderen lass ins Meer der Vergessenheit sinken. Man sagt, die Menschen, die am längsten leben, seien auch am stärksten im Hoffen. Wenn du dir durch keine Entmutigung die Hoffnungsfreudigkeit rauben lässt und allen Schwierigkeiten mit frohem Angesicht entgegengehst, so wird das Alter es schwierig finden, seine Furchen in deine Stirn einzugraben. Froher

Sinn bedeutet ein langes Leben. Jemand hat gesagt: „Lass nicht von der Liebe, auch nicht von der Liebe zum Romantischen: sie ist ein Zaubermittel gegen Altersfalten."

Wenn der Geist beständig mit Liebe und mit hilfsbereitem Mitgefühl erfüllt ist, so bleibt er viele Jahre länger frisch und lebensvoll, als wenn das Herz ausgetrocknet und bar jedes menschlichen Mitgefühls ist. Das Herz, das durch die Liebe erwärmt ist, friert nicht ein durchs Alter und wird nicht kalt durch Vorurteile oder sorgenvolle Gedanken.

Man sagt, dass eine berühmte Schönheit in Frankreich sich jede Nacht mit Hammeltalg einreiben ließ, um ihre Muskeln spannkräftig und ihr Fleisch weich zu erhalten. Heute kommt ein besseres Verfahren auf, sich die Jugendlichkeit zu erhalten: eine Massage des Geistes durch Gedanken der Liebe, der Schönheit, des Frohsinns und der Jugendideale.

Wenn du nicht willst, dass deine Jahre wirklich zählen, so blicke nicht rückwärts, sondern vorwärts und nimm in deinem Leben Anteil an so vielen und so verschiedenen Dingen, als dir möglich ist. Eintönigkeit und Mangel an geistiger Beschäftigung gehören zu den Dingen, die alt machen. Frauen, die in der Stadt inmitten von mancherlei Anregungen leben, erhalten ihre Jugend und ihr gutes Aussehen in der Regel viel länger als solche, die in irgendeinem Winkel auf dem Land leben, keinerlei Mannigfaltigkeit in ihren Erlebnissen besitzen, außer ihrem engen, einförmigen Pflichtenkreis an nichts Anteil nehmen und ihren Geist an nichts üben.

Gemütskrankheiten werden immer häufiger bei Frauen, die zu einem einförmigen Leben in der Einsamkeit eines ländlichen Hofes verurteilt sind. Ellen Terry und Sarah Bernhardt, die „den nie alternden Glanz der Sterne besitzen scheinen", schreiben ihre Jugendlichkeit auf Rechnung ihrer Tätigkeit und des fortwährenden Wechsels ihres Aufenthaltsortes und ihrer geistigen Beschäftigung. Es ist auch bemerkenswert, dass Landleute, die doch eigentlich so viel im Freien und in einer Umgebung leben, die um vieles gesünder ist als die des durchschnittlichen Kopfarbeiters, trotzdem eine kürzere Lebensdauer haben.

Als der weise Solon aus Athen gefragt wurde, was das Geheimnis seiner Stärke und Jugendlichkeit sei, antwortete er: „Dass ich jeden Tag etwas Neues lerne."
Diese Überzeugung war unter den Griechen ganz allgemein. Es liegt darin eine große Wahrheit. Gesunde Tätigkeit stärkt und erhält in der Tat den Geist so gut wie den Körper und gibt ihm jugendliche Frische und Gewandtheit.

Wenn du also trotz deiner Jahre jung bleiben willst, so musst du immer für neue Gedanken empfänglich bleiben und dein Geist muss immer breiter an Kenntnissen, weiter an Anteilnahme und offener für neue Offenbarungen der Wahrheit werden, je länger du auf dem Lebensweg dahin wandelst. Den größten Sieg über das Alter erringt aber ein Geist voll Frohsinn, Hoffnungsfreudigkeit und Liebe.

Ein Mann, der über die Jahre des Alters Herr werden will, muss alle Menschen lieben. Sorge, Neid, Bosheit, Eifersucht – alles das muss er meiden, all diese kleinlichen und gemeinen Dinge, die das Herz mit Bitterkeit und die Stirne mit Falten erfüllen und das Auge trüben. Ein reines Herz, ein gesunder Körper und ein offener edler Geist, dazu der feste Entschluss, dass die Jahre nicht zählen, das gibt zusammen einen Jungbrunnen, den niemand draußen zu suchen braucht, sondern den jeder in sich finden kann.

Margaret Deland sagt: „Die drei gefährlichen Anzeichen des Alters sind Selbstsucht, Stehenbleiben, Unduldsamkeit. Wenn wir diese Eigenschaften an uns entdecken, dann müssen wir annehmen, dass wir alt werden – und wenn wir noch auf der Sonnenseite der dreißiger Jahre stehen. Aber zum Glück haben wir drei unbesiegliche Waffen gegen diese Feinde: wenn wir die recht gebrauchen, dann sterben wir jung und wenn wir hundert Jahre alt werden. Sie heißen: Mitgefühl, Fortschreiten, Duldsamkeit. Der Mensch, der diese göttlichen Eigenschaften besitzt, bleibt immer jung und sein bloßes Dasein ruft uns anderen zu: Sursum corda, empor die Herzen! Große Gedanken und ein reines Herz – das ist es, was wir von Gott erbitten sollen.“

Setze dir selbst eine

bestimmte **Form** und **Art**

deiner *Handlungsweise* fest

und **behalte** diese dann bei,

sowohl wenn du allein bist,

als auch in der **Gemeinschaft** mit anderen.

Epiktet

20.   Die Macht über unsere Gedanken

Man kann den Charakter ändern, wenn man sich angewöhnt, seine Gedanken unter bewusster Beherrschung zu
halten. Es ist kein Grund vorhanden, warum wir dem Geist
erlauben sollten, aufs geradewohl überall hinzuwandern
und bei allen Gegenständen zu verweilen.

Das Ich, die Willenskraft, oder richtiger das, was wir das
wahre Selbst nennen, ist der Herr des Geistes und kann
auch den Gedanken beherrschen. Mit einiger Übung sind
wir imstande, den Geist nach jeder gewünschten Richtung
zu sammeln und zu leiten. Die durch den Willen ange-
spannte und von Vernunft und Urteil geleitete Aufmerksamkeit ist imstande, Geist und Gedanken so zu schulen, dass
sie sich nur auf höhere Ideale richten, bis dies zur Gewohnheit geworden ist. Dann verschwinden die niederen
Ideale und Gedanken aus dem Bewusstsein und der ganze
Geist ist auf eine höhere Höhenlage gebracht.

Es ist wirklich nur eine Sache der Übung und Selbstdiszip-
lin. Man hat mancherlei verschiedene Verfahren vorge-
schlagen, durch die man die gewünschte Macht über seine
Gedanken erreichen kann. Aber wenn man sie miteinander
vergleicht, so findet man, dass eine Reihe von Zügen allen
gemeinsam sind und diese bilden eben ihren wichtigsten
und nützlichsten Teil. Die künstlicheren und geheimnisvolle-
ren Formen und Verfahren wollen wir denen überlassen,
die an solchen Dingen Freude haben.

W. J. Colville sagt: „Man kann keine ausführliche Anweisung geben, was für uns Amerikaner an die Stelle der indi-
schen Yoga-Übungen treten könnte, denn die allgemeinen

Bedürfnisse der Angelsachsen sind äußerlich ziemlich andere als die unserer dunkelhäutigen Brüder aus dem Osten. Aber die großen Worte Sammlung und Betrachtung, Konzentration und Meditation, haben im Westen ebenso viel Kraft und Sinn als im Osten."

Seine Gedanken auf das ersehnte Ziel wie in einen Brennpunkt zu sammeln, vor dem geistigen Auge den Preis zu erblicken, als ob er schon gewonnen wäre und dabei das Bewusstsein zu haben, dass wir der äußeren Verwirklichung unseres Gedankenbildes immer näher kommen – durch diese Übungen setzen wir uns in eine solche Verbindung mit allem, was uns auf unserem Weg voran hilft, dass ein Hindernis nach dem anderen verschwindet und was vorher über unsere Kraft zu gehen schien, jetzt glatt und einfach vor uns liegt. Die Hauptsache ist, dass wir das Ziel fest im Auge behalten und unser Denken nicht abirren und unser Gedankenbild nicht zerfließen lassen.

Ein guter Rat für alle, die sich in diesen Dingen schulen wollen, ist der: Geh mit dem Gedanken an ein bestimmtes Ziel in die Stille und stelle dir dort seine Verwirklichung so deutlich und so sichtbar vor das geistige Auge, als deine Einbildungskraft es leisten kann. Erblicke dich schon dort, wo du sein möchtest, in der Stellung oder bei der Arbeit, nach der du dich sehnst. Eine kurze, aber ununterbrochene Übung in diesen Dingen wird deinen Geist von ängstlichen Sorgen befreien und deinen Verstand befähigen, den Weg zur Erreichung des Ziels zu sehen, das zunächst unerreichbar erschien. Es gibt in der ganzen Welt nichts, was die eigene Arbeit ersetzen kann: deshalb soll sich niemand einbilden, dass der Zustand untätiger, träumerischer Kontemplation oder Beschauung irgendwie zu empfehlen sei. Der innerlichen Beschauung muss die äußere Arbeit folgen.

Auch die richtigste und tiefste Meditation oder Betrachtung erspart uns die eigene Arbeit nicht, aber sie ist ein Mittel, durch das uns offenbar wird, welche Arbeit und wie wir sie tun sollen." Dasselbe rät uns ein anderer Schriftsteller: „Geh in die Stille, sammle deinen Geist, richte alle Gedanken auf einen Punkt, atme die Kraft und Stärke ein, die jedermann in unbegrenztem Maß zugänglich ist und von der nichts uns trennen kann, wenn wir sie nicht selbst zurückstoßen."

Lloyd B. Wilson sagt in seinen „Wegen zur Kraft": „Der Luftkreis um uns ist das Erzeugnis des Gedankens. Der Gedanke gestaltet ihn und der Gedanke allein kann ihn wieder ändern. Der Luftkreis, der eine kraftvolle Persönlichkeit umgibt, ist, wie man jetzt allgemein zugibt, das Erzeugnis der unsichtbaren Ausstrahlung des Gedankens, der auf eine Idee wie auf einen Brennpunkt gesammelt ist. Der dich umgebende Luftkreis als Erzeugnis deines Gedankens empfängt alle Kraft von der schöpferischen Energie, die ihn selbst geschaffen hat. Unsere Anweisung, wie man seine Gedanken beherrschen kann, beschränkt sich also auf folgendes: Wenn wir nur wissen, dass wir Herren über unsere ganze Denkeinrichtung sind, dann wissen wir auch, dass wir unsere einzelnen Gedanken beherrschen und unserem geistigen Luftkreis seine Art vorschreiben können. Wenn wir täglich in die Stille gehen und uns dort empfänglich und offen machen für das, was wir ersehnen, dann schaffen wir auch den richtigen Luftkreis um uns. Man muss zu diesen Sitzungen so empfänglich kommen, als es nur möglich ist, aber vor allem frei von jedem Zweifel. Für viele ist es eine schwierige Aufgabe, sich so empfänglich zu machen: aber die Zeit, die man damit verbringt, führt uns unserem endlichen Ziel näher als alles, was wir sonst tun können."

Charles Brodie Patterson sagt in einem Zusammenhang, wo er mehr von der Macht spricht, die wir zum Wohl unseres Körpers über unsere Gedanken ausüben: „Wir müssen unseren Geist hell und klar erhalten, ihn mit heilsamen Gedanken des Lebens füllen und gegen andere wohlgesinnt sein. Wir dürfen nichts fürchten, sondern müssen erkennen, dass wir eins sind mit der unendlichen Macht, die all unsere Bedürfnisse befriedigen kann. Wir müssen einsehen, dass Gesundheit, Kraft und Glück unser rechtmäßiges Eigentum sind, dass sie in unserem inneren Leben als Möglichkeiten liegen, und dass wir sie nur nach außen verwirklichen müssen. Wenn wir diese geistige Haltung einnehmen und bei ihr bleiben, so wird auch unser Körper bald gesund und stark sein."

Im Lichte dieser verschiedenen Anweisungen, wie sie uns Männer geben, die sie aus eigener und fremder Erfahrung geschöpft haben, wird es uns nicht mehr so schwierig erscheinen, dass wir unser Leben wirklich auch äußerlich auf eine höhere Stufe bringen können, indem wir in unserem Denken das Höhere aus dem Niederen entwickeln. Wenn du dich mit einem bejahenden Luftkreis umgibst, das heißt, wenn du alles Verneinende und Zerstörende, alle Gedanken an Missklang, Unglück und Misserfolg aus deinem Geist verbannst und nur solchen Worten und Gedanken Einlass gewährst, die schaffend und aufbauend wirken, dann wirst du bald das ganze Wesen deines Geistes ändern, so dass du die Feinde deines Glückes und deines Erfolges jederzeit aus deinem Geist hinauswerfen kannst, wenn sie versuchen einzudringen. Du kennst bloß noch edle Worte und Gedanken, die Mut, Licht, Schönheit und Begeisterung bringen und dich besser machen, und heißt solche mit dem gleichen Eifer willkommen, mit dem du die entgegengesetzten zurückweist. Es ist sehr ermutigend für uns, dass durch Nachdenken und Versuche der Ursprung unserer gedanklichen Feinde bis zu seiner Quelle zurückverfolgt worden ist: dadurch ist die Zahl der zu bekämpfenden Gegner sehr viel kleiner geworden.

Horace Fletcher sagt: „Es ist nicht nötig, gegen das Heer der kleinen Leidenschaften besonders zu kämpfen, wenn du alle deine Anstrengungen auf den Sieg über Ärger und Sorge richtest: denn diese sind die Erzeuger aller übrigen. Tritt ihnen mutig entgegen, leiste ihnen heldenhaften Widerstand – dann wird ihre Fähigkeit, neue Feinde zu erzeugen, mit ihnen selbst erlöschen."
In einem späteren Buch sagt Fletcher, Ärger und Sorge seien nur Unterarten der Furcht, und W. W. Atkinson sagt ebenso: „Die Sorge ist das Kind der Furcht und hat eine starke Familienähnlichkeit mit ihrer Mutter. Behandle diese ganze Familie, wie du jedes andere Ungeziefer behandelst: du musst sie los sein, ehe sie sich fortpflanzen." Sobald wir aber die Kraft erlangt haben, unsere Gedanken zu beherrschen, müssen wir uns vollkommen furchtlos und vertrauensvoll machen; damit geht dann Hand in Hand froher Sinn, Tätigkeit und als ihr sicheres Ergebnis Glück und Wohlergehen.

Die folgenden Regeln sind aus Frank C. Haddocks Buch: „Die Macht des Willens" genommen; sie sind leicht anwendbar und einleuchtend und mögen den Schluss dieses Abschnittes bilden. „Behaupte deinen seelischen Grund entschlossen, nachdrücklich und mit Überlegung, indem du die Kraft deines Willens für alle hohen Wirklichkeiten stärkst: schöne Dinge, richtige Gedanken, Gesundheit, Friede, Wahrheit, Erfolg, Selbstlosigkeit, gute Menschen, gute Bücher, Kunst, Wissenschaft, die edelsten Bewegungen deiner Zeit und eine vollkommene Religion. Im Verkehr mit anderen Menschen halte in deinem persönlichen Luftkreis völlige und unwandelbare Ruhe fest: sie muss so vollkommen sein, dass man die Anstrengung, die sie kostet, nicht spürt, weder in ungeordneten Ätherwellen noch in Bewegungen, die das Unterbewusstsein des anderen als Kälte oder als unterdrückte Feindseligkeit erkennt. Vermeide jede Aufregung. Sende keine Gegnerschaft aus. Offenbare dem Unterbewusstsein anderer Menschen nichts aus deinem Geist, was sie verletzen könnte. Verbanne aus deinem Geist jedes Gefühl der Verachtung oder des Spottes. Lass keine Schwingungen des Ärgers oder der Gereiztheit in deinen Geist von außen eindringen. Verbanne alle Wellen der Furchtgedanken für die, mit denen du es zu tun hast, aus deinem Geist. Ebenso alle Gedankenwellen, die mit Zweifel am Erfolg zusammenhängen. Halte deinen persönlichen Luftkreis erfüllt mit der Kraft vertrauensvoller Erwartung."

Alle GEHEIMNISSE schwinden und werden durchsichtig, wenn wir zur Einheit mit dem Gesegneten kommen und anfangen zu WISSEN, anfangen allwissend ZU werden. Bald werden viele allwissende Menschen auf Erden wandeln. Allwissenheit und Freiheit ist das Ziel, das allen bestimmt ist, und in unserem großen Zeitalter des Lichtes sind viele Denkende auf dem Weg zu diesem glücklichen Zustand der Allwissenheit. Wer Gott in allem sieht, fühlt den seligen Herzschlag des Unendlichen, den niemand beschreiben kann. Wie SCHÖN ist das ALL für den, der eins ist mit Gott und der den Weltenplan ebenso kennt wie den, der ihn gemacht hat.

Der Prophet der Seligkeit

21. Der Mensch der Zukunft wird seine Göttlichkeit erkennen

Ein glückliches, zufriedenes, erfolgreiches Leben kann nur aus einem im Gleichgewicht und Einklang befindlichen Geiste fließen, der das Gefühl unbedingter Sicherheit und unerschütterlichen Vertrauens in dem Glauben an den großen Schöpfer und seine alles überschauende und erhaltende Macht besitzt. Das Gefühl der Unsicherheit und der Mangel an Gleichgewicht ist tödlich für jeden wirklichen Erfolg. Wir müssen mit unseren Gedanken tief genug in das Wesen der Dinge eindringen, dann werden wir frei von aller Unsicherheit.

Wir müssen in der Wahrheit des Seins festgewurzelt sein und die unerschütterliche Überzeugung haben, dass wir ein Teil des großen Geistes sind, der alles schafft und alles trägt. Es gibt ein Gefühl der unbedingten Gewissheit und Sicherheit in dem Bewusstsein, dass nichts uns aus unserer Bahn reißen kann, dass nichts, was uns begegnet, zu Land oder zu Wasser, kein Unglück und kein Missklang uns von der Einheit mit jener höchsten Macht lostrennen kann. Wenn diese Sicherheit uns zu teil geworden ist, dann entflieht die Furcht, Ungewissheit und Ängstlichkeit verschwinden und alle Kräfte unseres Geistes arbeiten in schönstem Einklang zusammen. Wenn wir wissen, dass uns nichts um unser Geburtsrecht und Erbe bringen, nichts unseren endlichen Sieg hindern kann, dass jeder Schritt vielmehr ihm näher führt, dass jeder Keim des Guten schließlich zu Blüte und Frucht werden muss – dann können wir mit Ruhe das Höchste leisten, zu dem wir fähig sind. Etwas in unserem Bewusstsein sagt uns, dass wir nicht bloße Geschöpfe des

Zufalls sind. Wir fühlen, dass es irgendwo eine Sicherheit für uns gibt, dass Furcht, Ängstlichkeit und Unsicherheit nicht notwendig zu unserem Leben gehören. Eine innere Stimme sagt uns, dass wir mit ihm eins und nur ein Abglanz von ihm sind, dass wir nach seinem Bild geschaffen sind und dass unser letztes Ziel nicht mit seinem letzten Ziel streiten kann. Wir fühlen von selbst, dass eine Einheit aller Dinge vorhanden sein muss, die wir bloß nicht deutlich sehen, und dass der beste Weg, sie zu erkennen, im Vertrauen auf jene große Macht besteht. Inniger Glaube hilft uns aber auf diesem Gebiet mehr als denkende Schlussfolgerungen und bringt uns dieser Einheit viel näher.

Ella Wheeler Wilcox mahnt uns zu solchem Glauben, wenn sie sagt: „Vertraue auf deine unerschöpflichen Kräfte wie auf Gott selbst, denn deine Seele ist nur eine Ausstrahlung des großen Ganzen. Du hast keine Ahnung, welche Kräfte in dir liegen, unermesslich und unergründlich wie das weite Meer. Dein Geist verdeckt mit seinem Schweigen unermessliche Schätze: suche diese zu finden; aber den Leidenschaften, die dich dorthin tragen können, muss dein Wille die Richtung vorschreiben. Lass dir von keinem Sterblichen das Maß deiner Kraft beschränken: noch warten deiner vielleicht Siege, wie sie noch kein Mensch errungen hat, wenn du nur Glauben hast an deinen Schöpfer und an dich selber. Alle bis jetzt unbewältigten Höhen wird einst ein Fuß betreten – warum nicht der deine? Darum strebe vorwärts und erreiche das Ziel."

Wenn wir einmal in Berührung mit der großen Kraft kommen, die im Mittelpunkt der Welt steht und aus dem Herzen der Wahrheit und des Seins kommt, wenn wir ihren Herzschlag empfinden, dann kennen wir keinen Zweifel und kein

Zögern mehr, dann sind wir nicht mehr zufrieden mit dem Oberflächlichen, Zeitlichen, und Stofflichen. Wenn die Seele einmal ihre wahre Nahrung geschmeckt hat, dann mag sie nicht mehr am Boden kriechen. Wenn ein Mensch erkennt, dass er göttlichen Wesens, wenn er sieht, dass er ein Teil des ewigen Wesens, der höchsten Wirklichkeit ist, dann kann ihm nichts mehr sein körperliches oder geistiges Gleichgewicht rauben. Er hat seinen Mittelpunkt in der ewigen Wahrheit gefunden, er wohnt in der Burg der unendlichen Macht und keine Furcht, keine Angst, keine Sorge, kein Schicksal kann ihm mehr etwas anhaben, denn er weiß, dass er ein Teil der göttlichen Wirklichkeit selber ist. Das Bewusstsein, dass er die Macht berührt, die die Welt schafft und trägt, dass nichts ihn von ihr losreißen kann, gibt ihm ein Gefühl unendlicher Sicherheit und unendlichen Friedens. Wenn er morgens erfrischt und verjüngt erwacht, so fühlt er, dass er wieder mit der Gottheit, die ihn geschaffen hat, in Berührung gewesen ist: er hat die Grenzen der Sinne überschritten und in der Gegenwart einer unendlichen und eines unendlichen Lebens geweilt. Und wenn er müde und matt ist, so sehnt er sich wieder nach jener Gegenwart des Göttlichen, die ihn neu schafft, und möchte seinen Durst stillen an der großen Quelle allen Lebens.

Der Mensch kann nicht eher zu der höchsten Macht gelangen, die ihm bestimmt ist, solange er nicht einsieht, dass sein Wesen so unzerstörbar und unverletzlich ist als die Gesetze der Mathematik. Wenn auch sämtliche mathematischen Bücher in der Welt verbrannt wären, so wäre zweimal zwei immer noch vier: dieser Grundsatz würde nicht im Geringsten dadurch angetastet. Wenn der Mensch, wie er soll, zu seiner rechtmäßigen Herrscherstellung gelangt, so kann nichts ihn beunruhigen, was ihm auch begegnen mag:

er wird seinen Gleichmut und sein geistiges Gleichgewicht in jedem Unglück bewahren, ohne zu wanken. Der Schöpfer macht keinen solchen Fehler, dass er sein höchstes Geschöpf der Willkür des Zufalls überlässt. Heitere Ruhe und Gleichgewicht des Geistes ist eine der höchsten Errungenschaften der Kultur und hat ihren Grund und Ursprung in dem vollkommenen Vertrauen auf die das Weltall beherrschende Kraft. In dem Augenblick, da der Mensch erkennt, dass er ein Teil dieser obersten Ursache und deshalb zur Herrschaft und nicht zur Knechtschaft bestimmt ist, wird er jeder Lage gewachsen sein. Wenn er zur vollen Erkenntnis seiner Göttlichkeit gelangt ist, so kann ihn nichts mehr von diesem Standpunkt herunterziehen, so wenig als sein Friede noch gestört werden kann durch Schicksale, die freilich den Zurückgebliebenen große Verwirrung bringen.

Swami Vivekananda sagt: „Ruhe ist das Zeichen der größten Kraft. Tätig zu sein ist leicht: lass die Zügel schießen und die Rosse ziehen dich von selbst. Das kann jeder: aber wer die sich bäumenden Rosse bändigen kann, der ist der Starke. Was erfordert größere Stärke, gehen lassen oder anhalten? Der ruhige Mann ist aber nicht stumpf; man darf nicht Ruhe mit Stumpfheit oder Trägheit verwechseln. Tätigkeit ist das Sichtbarwerden der niederen, Ruhe das der höheren Kräfte."

Was ist ein Massenschrecken, oder ein Feuer, oder ein Geldverlust für den Mann mit vollem Gleichgewicht des Geistes, zu dem Gott ihn geschaffen hat? Angenommen, ich verliere mein Vermögen, meine Schiffe, meine Speicher und meine Häuser verbrennen – was hat das mit mir selbst zu tun? Es kann mir allerdings einige Unbequemlichkeiten verursachen und mich mancher Macht berauben, die ich zeitweilig besaß, aber ich kann nicht glauben, dass der Schöpfer mein wahres Selbst dem Zufall eines Schreckens, eines Feuers oder sonst eines Unglücksfalls zur Beute gegeben hat. Manche Menschen können sich derartig mit Gedanken der Gesundheit und Harmonie, der Freude und des Friedens durchtränken, dass kein Zufall, kein Missgeschick, keine trübe Stimmung sie wirklich berühren kann.

Ich kann ebenso wenig glauben, dass der Mensch der Zukunft, der ideale Mensch, der Mensch auf dem Gipfel des Fortschritts, durch ein seine Habe zerstörendes Feuer im Innern berührt würde, als dass die Gesetze der Harmonie durch das Verbrennen aller Musikgeräte der Welt berührt würden.

Der Mensch der Zukunft wird so vollkommen Herr über seine Gedanken sein, dass er imstande ist, sich zu einem großen Magneten zu machen, der nur solche Dinge anzieht, die zu seinem Glück und Wohlergehen beitragen. Ebenso wird er fähig sein, seinen Körper in vollständigem Einklang aller Tätigkeiten zu erhalten, indem er nur dem Gedanken der Gesundheit in seinen Geist Einlass gewährt, dagegen alle Gedanken der Krankheit auszuschließen weiß.

Der Mensch der Zukunft wird immer fröhlich sein, denn er hegt nur solche Gedanken, die glücklich machen; er wird die Wolken der Sorge oder Ängstlichkeit, das Dunkel des Trübsinns, die Finsternis der Eifersucht und des Neides von dem Himmel seines Geistes fernhalten. Er wird niemals trauern, sondern sich immer freuen.

Der Mensch der Zukunft wird den vergiftenden Gedanken der Schwarzseherei, der Krankheit, des Unglücks, des Missklangs ebenso wenig Einlass in seinen Geist gewähren, als er giftigen Säften den Eintritt in seinen Körper gestatten wird. Er wird ebenso sicher imstande sein, die Art und Beschaffenheit seiner Gedanken zu überwachen wie die der Gäste, die er in sein Haus lädt. Er wird bloß solche einladen, die er haben will und deren Einflüsse er für sich wünscht, und alles Feindliche ausschließen.

Der Mensch der Zukunft wird in seinem Sprachgebrauch die Aussage „Ich kann nicht" vermeiden. Er wird die Furcht, den „größten Menschenfeind", nicht kennen, denn er wird keine Furchtgedanken hegen, die ja ihren Ursprung immer in einem Gefühl der Unzulänglichkeit oder der Unfähigkeit haben, mit den Umständen fertig zu werden.

Der Mensch der Zukunft wird immer Erfolg haben, denn er lässt den Gedanken an Armut oder an irgendeine Schranke seines Könnens nicht in seinen Geist ein, dagegen hegt er immer Gedanken des Erfolgs und des Überflusses.

Der Mensch der Zukunft wird in einem Luftkreis der Liebe und Freude leben, denn er selbst ist immer erfüllt von Liebe und Freude und strahlt sie auch aus. Er wird gesund sein, denn Seele, Geist und Leib bewahren bei ihm den vollkommenen Einklang, in dem eben die vollkommene Gesundheit besteht.

Ist es vielleicht nichts wert, wenn wir imstande sind, uns aus dem Missklang in die Harmonie, aus der Finsternis ins Licht, aus dem Hass in die Liebe, aus der Krankheit in die Gesundheit um- und hineinzudenken? Ist es denn nichts wert, wenn wir imstande sind, die uns bestimmte Herrschaft anzutreten und als König zu herrschen, statt als Sklave uns zu beugen? Dies zu erlangen ist des heißesten Strebens und der größten Anstrengung wert.

Was das für uns Menschen bedeutet, hat Ralph Waldo Trine am schönsten ausgesprochen: „Dieses Erwachen und diese Lebensführung bringt uns mit einem Schlag in die innigste Berührung mit dem Unendlichen. Wir fühlen den starken Herzschlag des Lebens im All, wir verlassen unser enges Haus und wohnen im All selbst. Die kleinen Widerwärtigkeiten, Unannehmlichkeiten und Schwierigkeiten des Lebens, die uns heute so verdrießen und quälen, sie fallen vermöge ihrer eigenen Ärmlichkeit von selbst zu Boden. Unsere Anschauung und Einsicht wird höher, schärfer und immer freier von Irrtum. Wir erlangen immer mehr die Fähigkeit, die Menschen zu durchschauen, so dass uns von dieser Seite her nichts mehr geschehen kann. Wir gewinnen die Kraft, in die Zukunft zu schauen, und das alte Wort wird immer zutreffender für uns, dass kommende Ereignisse ihre Schatten vorauswerfen. Gesundheit tritt an die Stelle der Krankheit, denn alle Krankheit und alle daraus folgenden Leiden sind nur die Folge davon, dass wir bewusst oder unbewusst, absichtlich oder unabsichtlich die Gesetze des Lebens übertreten haben. Wir erlangen eine geistige Kraft, die wir auch aussenden können, mit der wir, ganz wie es uns aus wunderbaren Zeiten berichtet ist, Kranke heilen können. Der Körper verliert seine Schwerfälligkeit, das ganze Gewebe wird feiner, so dass er den höchsten Antrieben der Seele schneller gehorchen und dem Geist besser als Werkzeug dienen kann. Ja, der Stoff selber fügt sich den Wirkungen jener höheren Kräfte und vieles, was wir mit unseren beschränkten Kenntnissen heute wunderbar oder übernatürlich nennen, wird für uns gewöhnlich, natürlich und alltäglich."

Der Mensch, der mit seinen Gedanken und seinem Leben nach oben gerichtet ist, wird in jeder Notlage die Kräfte der Natur und seiner Nebenmenschen willig finden, ihm zu helfen, nach dem Gesetz: „Wer hat, dem wird gegeben." Gleiches bringt gleiches hervor: je mehr Gedanken des Erfolges, des Glückes, des guten Willens einer hat, desto stärker wird seine Anziehungskraft für alles Verwandte sein. So wird alles Gute ihm von selbst zufallen, und er wird „vollkommen sein wie unser Vater im Himmel vollkommen ist".

ENDE

Denn das wirkliche Glück, das weiß ich jetzt, liegt in den einfachen Dingen, die man selbst für alles Geld der Welt nicht kaufen kann. Wir finden es in den gut gemeinten Wahrheiten, an denen wir unsere wirklichen Freunde erkennen, und im verständnisvollen Lächeln über unsere kleinen Schwächen und in den leisen Melodien, die unser Innerstes berühren, und im sanften Kerzenschein, der uns so nachdenklich stimmt, und im Frieden mit uns selbst und in der Wärme unserer Hände.

Zitat aus **DAS STERNENGLÖCKCHEN** von Karel Szesny

EIN BUCH FÜR KINDER UND ERWACHSENE (332 SEITEN)

MIT EINEM MESSINGGLÖCKCHEN ALS LESEZEICHEN

ÜBERALL IM BUCHHANDEL ERHÄLTLICH

AUCH ALS E-BOOK AUF ALLEN PORTALEN

ERSCHIENEN IM